장애영 사모의 주교양 양육법 *Work Book*

엄마의 기준이
아이의 수준을 만든다

Work Book

장애영 사모의 주교양 양육법 Work Book
엄마의 기준이 아이의 수준을 만든다

지은이 | 장애영
초판발행 | 2008. 1. 22.
15쇄발행 | 2018. 10. 17.
등록번호 | 제 3-203호
등록된 곳 | 서울시 용산구 서빙고로65길 38
발행처 | 사단법인 두란노서원
영업부 | 2078-3333 FAX 080-749-3705
출판부 | 2078-3477

▎책값은 뒤표지에 있습니다.
ISBN 978-89-531-0930-8 03230

▎독자의 의견을 기다립니다.
tpress@duranno.com   http://www.Duranno.com

> 두란노서원은 바울 사도가 3차 전도여행 때 에베소에서 성령 받은 제자들을 따로 세워 하나님의 말씀으로 양육하던 장소입니다. 사도행전19장 8-20절의 정신에 따라 첫째 목회자를 돕는 사역과 평신도를 훈련시키는 사역, 둘째 세계선교(TIM)와 문서선교(단행본·잡지) 사역, 셋째 예수문화 및 경배와 찬양 사역, 그리고 가정·상담 사역 등을 감당하고 있습니다. 1980년 12월 22일에 창립된 두란노서원은 주님 오실 때까지 이 사역들을 계속할 것입니다.

장애영 사모의 주교양 양육법 *Work Book*

엄마의 기준이 아이의 수준을 만든다

장애영 지음

Work Book

두란노

차례

여는 글 자녀양육의 절대 기준, 하나님의 기준을 권한다

이렇게 활용하세요

PART 1. 부모의 정체성이 자녀의 정체성을 결정한다
  1. "너희는 그리스도인 부모다" … 014
  2. '하나님의 기준'으로 양육받는 자녀의 7가지 축복 … 018
  3. 엄마가 꼭 알아야 할 연령대별 주교양 양육 노하우 … 026

PART 2. 세상 이론보다 탁월한 성경적 자녀양육법, 주교양 양육법
  1. 부모가 먼저 하나님께 순종하라 … 048
  2. 주의 교양과 훈계로 양육하라 … 054
  3. 말씀과 기도를 훈련시키라 … 062
  4. 자녀를 노엽게 하지 말라 … 076
  5. 험담과 거짓을 버리라 … 082
  6. 어려서 좋은 길을 가르치라 … 094
  7. 부모 사명을 선언하라 … 100

PART 3. 성경 속의 12가정에서 배우는 주교양 양육법

1. 아담과 하와의 가정 ··· 110
2. 아브라함의 가정 ··· 116
3. 엘리 제사장의 가정 ··· 122
4. 사무엘을 낳은 엘가나와 한나의 가정 ··· 126
5. 노아의 가정 ··· 130
6. 모세를 낳은 아므람과 요게벳의 가정 ··· 136
7. 욥의 가정 ··· 142
8. 여호수아의 가정 ··· 148
9. 고넬료의 가정 ··· 152
10. 루디아의 가정 ··· 156
11. 빌립보 간수의 가정 ··· 160
12. 디모데를 낳은 유니게의 가정 ··· 164

여는글

자녀양육의 절대 기준, 하나님의 기준을 권한다

이 책은 내가 자녀를 키운 지난 21년 동안 시행착오를 거치면서 배운 '주교양 양육법'의 7가지 원리와 성경 속의 12가정에 관해 정리한 워크북이다. 나는 왕초보 그리스도인으로서 엄마가 되었을 때, 자녀양육에 대한 마음의 짐이 너무 크게 느껴졌다. 하나님은 엄마로서도 그리스도인으로서도 아는 것이 전혀 없던 나의 필요를 아시고, 4200여 년 동안 이스라엘 민족을 통해 입증된 성경에서 배운 '주교양 양육법'을 배우고 실천하게 하셨다.

'주교양 양육법'을 실천한 결과는 실로 놀랍다. 처음에는 세상의 가치 기준과 다르기 때문에 자주 실패했지만, 겸손히 하나님만 의지하니 '하나님의 기준'을 더욱 선명히 볼 수 있는 은혜를 주셨다. 엄마가 하나님의 말씀을 자녀양육의 기준으로 세우면, 하나님이 그 자녀를 책임지신다. 자녀의 모든 성장 과정에 하나님이 개입하신다. 부모와 자녀에게 성령님의 도우심이 강력하게 임하며 하나님의 은혜를 체험할 뿐 아니라, 함께 믿음의 사람으로 성장하게 된다.

'주교양 양육법'의 모든 기준은 성경 말씀이다. '주교양 양육법'은 '주의 교양과 훈계'로 자녀를 양육하는 것이다.

'주교양 양육법'으로 성장한 자녀는 하나님을 경외하는 믿음을 갖게 된다. "여호와를 경외하는 것이 지식의 근본"(잠언 1:7)이므로, 자녀의 지혜와 지식이 나날이 자라 간다. 하나님이 주시는 지혜를 갖게 된 자녀는 인생의 목적과 사명을 발견한다. 인생의 목적을 발견하면, 스스로 공부도 하고 운동도 하고 자신의 달란트를 찾기 시작한다. 하나님이 주신 사명을 발견한 자녀는 자신의 특기와 적성을 발견하며 더 잘하고자 스스로 노력한다. 하나님께서 함께 공부하신다는 걸 깨닫게 되니, 인생을 허비하지 않는다.

무엇보다도, 예수님이 말씀하신 사랑의 의미가 무엇인지 배워 가며 실천하는 삶을 살게 된다. "내 계명은 곧 내가 너희를 사랑한 것같이 너희도 서로 사랑하라 하는 이것이니라"(요한복음 15:12). 성경 속에서 발견한 '주교양 양육법'의 7가지 원리는 다음과 같다.

첫째, 부모가 먼저 하나님 말씀에 순종해야 한다.
둘째, 세상 가치관이 아니라 '주님의 교양과 훈계'로 양육해야 한다.
셋째, 자녀에게 성경 말씀을 부지런히 가르치고, 자녀를 위해 기도해야 한다.
넷째, 부모의 감정에 따라 자녀를 노엽게 하지 말아야 한다.

다섯째, 거짓과 험담을 버리고 '주님의 진리와 은혜' 속에 살아야 한다.
여섯째, 자녀양육을 어렸을 때부터 해야 한다.
일곱째, 자녀는 하나님이 주신 선물이고, 자녀양육은 부모의 사명이다.

하나님이 가르쳐 주신 '주교양 양육법'을 실천하면서 내가 받은 은혜는 셀 수 없이 풍성하다. 앞으로도 받게 될 놀라운 은혜를 생각하면 가슴이 벅차오른다. 하나님은 전심으로 그분을 찾는 자를 주목하고 은혜를 주는 분이시기 때문이다(역대하 16:9).

기적은 우리가 하나님 말씀에 순종할 때 일어난다. "너희 안에서 착한 일을 시작하신 이가 그리스도 예수의 날까지 이루실 줄을 우리는 확신하노라"(빌립보서 1:6). 예수님이 오시는 그날까지 하나님은 부모를 먼저 고치고, 자녀를 고치고, 이곳저곳 병든 부분을 수술해서 낫게 하실 것이다(히브리서 4:12). 이 책이 자녀로 인해 아프고 영적 무기력 때문에 고통받는 가정을 고치는 데 쓰임을 받기를 기도한다.

2008년 1월

기쁨으로 거둘 날을 바라보며, 장애영 사모

《엄마의 기준이 아이의 수준을 만든다 워크북》은 이렇게 활용하세요

이 책은 이렇게 사용하면 좋다
- 큐티용으로 각 장마다 나오는 말씀과 기도는 영적 체질을 개선해 준다. "하나님의 말씀은 살았고 운동력이 있어 … 또 마음의 생각과 뜻을 감찰하나니"(히브리서 4:12)
- 소그룹용으로 부부끼리 또는 어머니 그룹, 아버지 그룹이 사용하면 좋다.
- 중보기도 모임용으로 모임 후 함께 나누면 풍성한 기도 제목을 찾을 수 있다.

이 책으로 소모임에서 나눌 때 유익한 점
1. 자녀와 부모가 함께 성장한다. 이 책의 초점은 부모의 신앙 성장이기 때문에, 일반 성경공부 교재와는 달리 무릎 꿇는 부모로 삶을 변화시키는 강력한 도구다. 지적·신체적·인격적·영적 모든 부분이 자라게 된다.
2. 부모를 위한 기도와 자녀를 위한 기도가 함께 있어서 이 기도문을 통해 부모 자신을 성찰하고 자녀의 연약함을 하나님께 아뢰며 지혜를 구할 수 있다. 말씀으로 간구할 수 있다.
3. 풍성한 영의 양식이 된다. 하나님이 우리들의 가정에 어떤 은혜를 주고, 어떤 부분을 고치기 원하시는지를 알 수 있게 된다.
4. 그리스도인을 양육할 수 있다. "늙은 여자로는 … 젊은 여자들을 교훈하되"(디도서 2:3-4).
5. 다음 세대에 반드시 전해야 할 신앙을 물려줄 수 있게 된다. "이는 저희로 후대 곧 후생 자손에게 이를 알게 하고 그들은 일어나 그 자손에게 일러서 저희로 그 소망을 하나님께 두며 하나님의 행사를 잊지 아니하고 오직 그 계명을 지켜서"(시편 78:6-7).
6. 계속해서 하나님의 선한 뜻을 발견할 수 있다. 자녀가 자람에 따라, 자신과 자녀의 연약함을 발견할 때마다, 부모로서의 정체성을 회복하고 자녀의 상처를 치유하는 데 이 책을 활용한다.

모여서 나눌 때 주의해야 할 점
1. 자랑하지 않는다. 병원 가서 나를 자랑하지 않듯이 나와 내 자녀의 연약한 부분을 솔직하게 고백할 때 치유하시는 하나님의 손길을 경험할 수 있다.
2. 비교하지 않는다. 남의 자녀와는 물론 형제자매 사이라도 절대 비교하지 않는다.
3. 자녀의 나이가 몇이든 절대 낙심하지 않는다. 하나님은 오늘 이 교재를 통해 만나게 되는 부모의 상황을 너무 잘 아신다. 믿음으로 의지하고 나아갈 때 하나님은 나의 자녀를 변화시키신다.
4. 기도 제목은 함께 기도하는 데서 끝내야 한다. 모임 밖까지 끌고 나가서는 안 된다.
5. 하나님이 보여 주신 것, 은혜받은 부분은 반드시 실천해야 한다. 이 책의 목표는 흔들리지 않는 성경적 기준을 배운 대로 실천하는 것이다.

PART 1

부모의 정체성이
자녀의 정체성을 결정한다

1. "너희는 그리스도인 부모다"
2. '하나님의 기준'으로 양육받는 자녀의 7가지 축복
3. 엄마가 꼭 알아야 할 연령대별 주교양 양육 노하우

"오직 너는 스스로 삼가며 네 마음을 힘써 지키라 그리하여 네가 눈으로 본 그 일을 잊어버리지 말라 네가 생존하는 날 동안에 그 일들이 네 마음에서 떠나지 않도록 조심하라 너는 그 일들을 네 아들들과 네 손자들에게 알게 하라 네가 호렙 산에서 네 하나님 여호와 앞에 섰던 날에 여호와께서 내게 이르시기를 나에게 백성을 모으라 내가 그들에게 내 말을 들려주어 그들이 세상에 사는 날 동안 나를 경외함을 배우게 하며 그 자녀에게 가르치게 하리라 하시매"(신명기 4:9-10).

"나의 종 야곱, 내가 택한 이스라엘아 이제 들으라 너를 만들고 너를 모태에서부터 지어 낸 너를 도와줄 여호와가 이같이 말하노라 나의 종 야곱, 내가 택한 여수룬아 두려워하지 말라 나는 목마른 자에게 물을 주며 마른 땅에 시내가 흐르게 하며 나의 영을 네 자손에게, 나의 복을 네 후손에게 부어 주리니 그들이 풀 가운데에서 솟아나기를 시냇가의 버들같이 할 것이라"(이사야 44:1-4).

'주교양 양육법'의 시작은 부모가 자신의 '정체성(identity)'을 깨닫는 일이다. '정체성'이란 '본래의 참모습을 깨닫는 성질, 또는 그러한 성질을 가진 독립적인 존재'를 의미한다. '내가 누구인지'를 바로 알기 시작하는 일은 나의 사명과 역할을 정확하게 알게 되는 지름길이다.

부모가 자녀를 양육할 때, 창조주 하나님께서 주신 성경을 인생의 매뉴얼로 삼으면 어떤 일이 일어날까? 먼저, 자신의 인생에서 일어나는 사건을 성경으로 해석하는 법을 배우게 된다. 자신이 원래 어떤 존재였는지도, 하나님의 자녀로 살아가려면 무엇을 배워야 하는지도 알게 된다. 나 자신에 대한 확실한 '정체감'이 형성되는 것이다. "나는 그리스도인 부모이며 아빠이고 엄마이고, 내 자녀는 하나님의 자녀"임을 알게 되는 것이다. 그러면 이제는 성경이 가르쳐 주는 삶의 원리를 이해할 수 있게 된다.

자녀는 부모의 말보다 행동을 보고 배운다. 부모는 자녀에게 가장 큰 영향력을 미치는 사람인데, 자녀가 어릴수록 부모의 영향력은 절대적이다. 오늘 자녀에게 맺히는 생각의 열매, 행동의 열매, 습관의 열매는 어제 부모가 심은 결과다. 좋은 것을 심으면 좋은 열매를 맺고, 나쁜 것을 심으면 나쁜 열매를 맺는다. 파종과 추수의 법칙이다. "사람이 무엇으로 심든지 그대로 거두리라"(갈라디아서 6:7). 부모의 정체성이, 자녀의 정체성을 결정한다.

1. "너희는 그리스도인 부모다"

신앙이 성장하는 데는 부모 역할보다 더 좋은 배역이 없다. 그리스도인으로서 부모가 되어 보면, 하나님의 마음을 이해하게 되면서 진짜 사랑하는 방법도 배우게 된다. 느낌이나 감정만으로 절대로 사랑할 수 없는 것이 부모로서의 자녀 사랑이다. 그리스도인 부모는 그들의 생각을 하나님께 맞춰 가는 믿음의 여정을 겪으며 하나님의 사람이 되어 간다. 자녀양육을 통해 부모를 성장시키는 프로젝트를 진행하시는 하나님은 자녀가 1살이 되었을 때 부모도 영적으로는 1살로 태어나도록 계획하셨다. 그리스도인 부모는 자녀를 통해 함께 성장하도록, 하나님께 중대한 부르심을 받은 사람들이다. 그 중대한 부르심을 깨닫고 그리스도인 부모로 살아가는 일은 하나님과 동역자가 되는 멋진 일이다.

그리스도인 부모는 하나님께 자녀양육을 위탁받은 사람들이다. 그리스도인이란 그리스도를 닮아 가는 사람들을 말한다. 예수님을 닮아 가는 사람들이다. 그리스도인이란 말이 최초로 등장한 것은 안디옥교회에서였다. "바나바가 사울을 찾으러 다소에 가서 만나매 안디옥에 데리고 와서 둘이 교회에 일 년간 모여 있어 큰 무리를 가르쳤고 제자들이 안디옥에서 비로소 그리스도인이라 일컬음을 받게 되었더라"(사도행전 11:25-26). 그리스도인 부모란 그리스도를 닮아 가는 삶을 실천하면서,

그들의 자녀를 양육하도록 부름 받은 사람들이다. 예수님이 이 땅에 오셔서 가르쳐 주신 대로 자녀에게 허락하신 선교사인 것이다. "너희는 가서 모든 민족을 제자로 삼아 … 내가 너희에게 분부한 모든 것을 가르쳐 지키게 하라"(마태복음 28:19-20).

그리스도인 부모는 하나님의 말씀을 기준으로 '주의 교양과 훈계'(에베소서 6:4)로 자녀를 양육하는 부모다. 자녀가 죄에서 구원받고 예수 그리스도의 형상으로 자라도록 인도하는 것이다. 모든 그리스도인 부모에게는 자녀가 죄에서 돌이켜 구원을 받도록 예수 그리스도를 가르쳐야 하는 사명이 있다. 성경은 부모에게 자녀를 가르치라고 하셨지, 자녀의 구원을 주일학교 교사들에게만 맡기라고 하지 않으셨다. "네 자녀에게 부지런히 가르치며"(신명기 6:7). 자녀가 날마다 보고 배우는 사람은 주일학교 교사도, 목사님도 아니다. 학교나 과외나 학원 선생님도 아니다.

하나님의 소원은 "모든 사람이 구원을 받으며"(디모데전서 2:4), "그리스도의 장성한 분량이 충만한 데까지 이르"(에베소서 4:13)도록 자라는 데 있다. 부모가 말씀과 기도로 배우고 순종하면, 자녀를 함께 자라게 하신다.

Think
함께 생각하기

1. '그리스도인'이란 무슨 의미를 지닌 말인가?

2. 나는 그리스도인 부모로서 어떤 '정체성'을 갖고 있는지 함께 나눠 보자.

3. 그리스도인 부모의 중요한 의무를 두 가지 이상 나눠 보자.

   (신명기 6:4-9, 예레미야애가 2:19)

4. 나의 부모가 나에게 미친 영향력에 관해 나눠 보자. 부정적인 면과 긍정적인 면을 함께 나눠 보자.

5. 성경은 자녀양육을 어떻게 하라고 가르치고 있는가? (신명기 6:7, 에베소서 6:4)

Pray
기 도 하 기

하나님 아버지! 부족한 저를 하나님이 사랑하시는 자녀____의 부모가 되게 하신 은혜를 감사드립니다. 이 시간 저를 그리스도인 부모로 불러주셨음을 깨닫고 믿는 은혜를 허락해 주옵소서. 제가 먼저 예수 그리스도의 가르침을 받고, 하나님 말씀을 기준으로 살고자 하는 마음의 소원이 있게 하옵소서. 세상의 가치관에 흔들릴 때마다, 성령님이 저를 말씀으로 일깨워 주옵소서. 우연히 제가 ____의 부모가 된 것이 아니라, 하나님이 태초부터 계획하고 모태로부터 조성하신 일(이사야 44:2)임을 알게 해 주셔서 감사드립니다. 예수님의 이름으로 기도합니다. 아멘.

Live
결단·실천하기

하나님, 나는 그리스도인 부모로서
_____을
실천하기로 결단합니다.

2. '하나님의 기준'으로 양육받는 자녀의 7가지 축복

하나님의 기준'은 성경에 잘 나타나 있다. '하나님의 기준'이 인생에 적용되는 것은 건축물을 지을 때 사용하는 다림줄과 같다. 성경에는 '다림줄'이 이스라엘의 죄악을 정확히 측량해서 심판하시기 위한 하나님의 공의의 도구로 묘사된다. '다림줄(plumb line)'은 납이나 주석으로 만든 무거운 추가 달린 줄인데, 건물을 지을 때 수평과 수직을 측량하는 기준이 되도록 늘어뜨린 줄이다.

엄마의 손에 들린 '다림줄'을 하나님은 기뻐하신다. 엄마가 하나님의 기준을 갖고 자녀를 대하기 시작하면, 하나님은 내 자녀를 책임지기 시작하신다. 하나님의 눈으로 자녀를 바라보면, 내 자녀가 하나님의 형상임을 알 수 있다(창세기 1:27-28). 하나님의 기준이 엄마의 기준이 되기 시작하면, 하나님은 내 아이의 수준을 만들어 가기 시작하신다.

하나님은 예루살렘에 돌아와 성전 재건 공사를 시작한 스룹바벨이 다림줄을 들고 있는 걸 보고 기뻐하셨다. "스룹바벨의 손이 이 성전의 기초를 놓았은즉 그의 손이 또한 그 일을 마치리라 하셨나니 만군의 여호와께서 나를 너희에게 보내신 줄을 네가 알리라 하셨느니라 작은 일의 날이라고 멸시하는 자가 누구냐 사람들이 스룹바벨의 손에 다림줄이 있음을 보고 기뻐하리라 이 일곱은 온 세상에 두루 다니는 여호와의 눈이라 하니라"(스가랴 4:9-10).

하나님은 스스로 겸비하고 자원하여 하나님의 기준에 순종하는 사람을 찾아서 일하신다. 다림줄로 정확히 죄를 측량하는 공의의 하나님이시지만, 아무도 하나님의 기준에 완전히 도달할 수 없음을 알고 예수 그리스도를 구세주로 보내 주신 사랑의 하나님이시다. 가장 탁월한 하나님의 기준인 말씀을 통해서 기준이 바로 서면, 내 자녀의 현재가 변하고 미래가 변한다. 하나님은 우리 손에도 다림줄이 들려 있음을 보실 때 정말 기뻐하신다.

성경은 '하나님의 기준'을 배우고 지켜 행하는 자녀에게 다음과 같은 약속을 주셨다.

첫째, 마땅히 갈 길과 행할 길을 알고 생명을 얻는다. 세상의 다른 교훈에 유혹되지 않고 분별력과 인생의 참 지혜를 갖게 된다.
"그들에게 율례와 법도를 가르쳐서 마땅히 갈 길과 할 일을 그들에게 보이고"(출애굽기 18:20).
"아버지가 내게 가르쳐 이르기를 내 말을 네 마음에 두라 내 명령을 지키라 그리하면 살리라" (잠언 4:4).
"이는 우리가 이제부터 어린아이가 되지 아니하여 사람의 속임수와 간사한 유혹에 빠져 온갖 교훈의 풍조에 밀려 요동하지 않게 하려 함이라" (에베소서 4:14).

둘째, 자신의 허물을 깨닫고, 예수 그리스도를 믿는 믿음과
　　　　은혜 안에서 살게 된다.
"여호와여 주의 도를 내게 가르치소서 내가 주의 진리에 행하오리니 일심으로 주의 이름을 경외하게 하소서" (시편 86:11).
"예수께서 이르시되 내가 곧 길이요 진리요 생명이니 나로 말미암지 않고는 아버지께로 올 자가 없느니라" (요한복음 14:6).
"우리에게 있는 대제사장은 우리의 연약함을 동정하지 못하실 이가 아니요 모든 일에 우리와 똑같이 시험을 받으신 이로되 죄는 없으시니라 그러므로 우리는 긍휼하심을 받고 때를 따라 돕는 은혜를 얻기 위하여 은혜의 보좌 앞에 담대히 나아갈 것이니라" (히브리서 4:15-16).

셋째, 하나님만 의지하게 된다.
"나의 도움은 천지를 지으신 여호와에게서로다" (시편 121:2).
"너는 마음을 다하여 여호와를 신뢰하고 네 명철을 의지하지 말라 너는 범사에 그를 인정하라 그리하면 네 길을 지도하시

리라"(잠언 3:5-6).

넷째, 하나님과 부모에게 순종하며, 사람의 본분과 사명을 깨
닫는 자가 되게 한다.
"주는 나의 하나님이시니 나를 가르쳐 주의 뜻을 행하게 하소
서 주의 영은 선하시니 나를 공평한 땅에 인도하소서"(시편 143:10).
"일의 결국을 다 들었으니 하나님을 경외하고 그의 명령들을
지킬지어다 이것이 모든 사람의 본분이니라"(전도서 12:13).
"자녀들아 모든 일에 부모에게 순종하라 이는 주 안에서 기쁘
게 하는 것이니라"(골로새서 3:20).

다섯째, 거짓을 버리고, 믿음과 행함이 일치하는 온전한 사람
이 되게 한다.
"진실한 증인은 사람의 생명을 구원하여도 거짓말을 뱉는 사
람은 속이느니라"(잠언 14:25).
"우리가 다 하나님의 아들을 믿는 것과 아는 일에 하나가 되
어 온전한 사람을 이루어 그리스도의 장성한 분량이 충만한
데까지 이르리니"(에베소서 4:13).
"영혼 없는 몸이 죽은 것같이 행함이 없는 믿음은 죽은 것이
니라"(야고보서 2:26).

여섯째, 항상 감사와 찬양으로 살게 한다.

"여호와를 경외하라 그를 경외하는 자에게는 부족함이 없도다"(시편 34:9).

"그리스도의 평강이 너희 마음을 주장하게 하라 너희는 평강을 위하여 한 몸으로 부르심을 받았나니 너희는 또한 감사하는 자가 되라 그리스도의 말씀이 너희 속에 풍성히 거하여 모든 지혜로 피차 가르치며 권면하고 시와 찬송과 신령한 노래를 부르며 감사하는 마음으로 하나님을 찬양하고 또 무엇을 하든지 말에나 일에나 다 주 예수의 이름으로 하고 그를 힘입어 하나님 아버지께 감사하라"(골로새서 3:15-17).

일곱째, 말씀을 사모하며 기도하는 사람이 된다.

"여호와의 율법은 완전하여 영혼을 소성시키며 여호와의 증거는 확실하여 우둔한 자를 지혜롭게 하며 여호와의 교훈은 정직하여 마음을 기쁘게 하고 여호와의 계명은 순결하여 눈을 밝게 하시도다 여호와를 경외하는 도는 정결하여 영원까지 이르고 여호와의 법도 진실하여 다 의로우니 금 곧 많은 순금보다 더 사모할 것이며 꿀과 송이꿀보다 더 달도다"(시편 19:7-10).

"그러므로 내가 너희에게 말하노니 무엇이든지 기도하고 구하는 것은 받은 줄로 믿으라 그리하면 너희에게 그대로 되리라"(마가복음 11:24).

Think
함께 생각하기

'하나님의 기준' 대로 양육받은 자녀가 받게 되는 7가지 약속은 무엇인가?

첫째, 마땅히 _____과 행할 길을 알고, 생명을 얻는다. 세상의 다른 _____에 유혹되지 않고, 분별력과 인생의 참 _____를 갖게 된다.

둘째, 자신의 허물을 깨닫고, 예수 그리스도를 믿는 _____과 은혜 안에서 살게 된다.

셋째, 하나님만 _____하게 된다.

넷째, 하나님과 _____에게 순종하며, 사람의 본분과 _____을 깨닫는 자가 되게 한다.

다섯째, 거짓을 버리고, 믿음과 _____이 일치하는 온전한 사람이 되게 한다.

여섯째, 항상 _____와 찬양으로 살게 한다.

일곱째, 말씀을 사모하며 ____하는 사람이 된다.

P r a y
기 도 하 기

하나님 아버지, 제가 먼저 그리스도인 부모로서의 정체성을 갖도록 인도하여 주시옵소서. 성경 말씀을 통해 하나님의 기준으로 나 자신과 내 자녀를 바라보는 눈을 주시옵소서. 자녀의 부족한 부분에 사로잡혀서 조바심이나 열등감에 빠지지 않고 주의 교양과 훈계로 가르치며, 항상 감사와 찬양으로 살도록 도와주시옵소서. 내 자녀 _____가 세상 교훈에 유혹되지 않고 주님이 주시는 분별력으로 인생의 참 지혜를 깨닫게 도와주시옵소서. _____가 언제나 거짓을 버릴 용기를 주시고, 믿음과 행함이 일치하는 삶을 살도록 인도하여 주시옵소서. _____가 날마다 그리스도의 평강과 은혜 안에 살게 해 주시기를 간구하며, 예수님의 이름으로 기도합니다. 아멘

Live
결단·실천하기

하나님, 나는 그리스도인 부모로서
_____을
실천하기로 결단합니다.

3. 엄마가 꼭 알아야 할 연령대별 주교양 양육 노하우

자녀의 발달 단계마다 4가지 영역으로 구분하여 주의 교양과 훈계를 나이와 수준에 맞게 인도하는 것이 '주교양 양육법'이다. 성경에는 열두 살을 맞이한 예수님의 어린 시절에 관한 기사가 나온다. "예수는 지혜와 키가 자라 가며 하나님과 사람에게 더욱 사랑스러워 가시더라"(누가복음 2:52). 예수님의 어린 시절을 통해서 볼 수 있듯이, 자녀들이 자라 가야 할 4가지 영역은 다음과 같다.

정신적 영역 예수님이 지혜가 자라셨듯이 우리 자녀도 지혜가 자라야 한다.
육체적 영역 예수님이 키가 자라셨듯이 우리 자녀도 신체가 건강하게 자라야 한다.
영적 영역 예수님이 하나님께 사랑스러워 가셨듯이 우리 자녀도 믿음이 자라고 영적으로 성숙하면서 하나님께 사랑스럽게 자라야 한다.
인격적 영역 예수님이 사람에게 사랑스러워 가셨듯이 우리 자녀도 인격적으로 성숙해 가는 사람으로 자라야 한다.

주교양 양육법의 원칙은 사랑이고 기준은 성경이지만, 성장하는 자녀의 나이별 특징을 배우고 이해하는 것이 좋다. 효과적 교육법은 자녀의 발달 단계에 따라 다르고, 나이마다 배우고 알아듣는 수준이 다르기 때문이다.

인간에게는 인생의 초기부터 노년에 이르기까지 전 생애에 걸쳐 각 시기별로 발달 과제가 있다. 동양에서는 공자가 이미 《논어》의 〈위정편(爲政篇)〉 4장에서 인간의 발달 단계를 구분했다. "나는 15세가 되어서 학문에 뜻을 두었고, 30세가 되어서 학문의 기초를 확립했고, 40세가 되어서는 판단에 혼돈을 일으키지 않았고, 50세가 되어서는 천명을 알았고, 60세가 되어서는 귀로 들으면 그 뜻을 알았고, 70세가 되어서는 마음이 하고자 하는 것대로 하여도 법도에 벗어나지 않았다."

발달심리학자 에릭슨(Erik Erikson, 1902-1994)에 따르면 인간은 일생 동안 8단계의 발달 단계를 거치면서 '온전한 자아'를 이루어 간다. 유아기(0~1세), 걸음마기(2~3세), 학령전기(3~6세), 학령기(6~12세, 초등학생), 청소년기(12~18세, 중·고등학생), 청년기(18~35세, 대학생 이후), 중년기(40~65세), 노년기(65세 이후). 에릭슨은 인간은 누구나 심리적·사회적 영향을 받으며, 인생의 여러 단계마다 겪는 일을 통해 긍정적으로 영향을 받기도 하고 부정적으로 영향을 받기도 하면서 성격이 형성된다고 보았다.

덴마크인이던 에릭슨의 어머니는 에릭슨이 세 살 때 유대인인 소아과 의사와 재혼했다. 에릭슨은 유대인과 구별되는 외모 때문에 유대 사회에서는 이방인 취급을, 학교에서는 유대인 취급을 받게 된다. 게다가 자신의 친아버지가 누구인지 알지 못해서 겪었던 일생 동안의 심적 고통을, 다운증후군을 가진 아들 닐을 키우면서 체험한 고통과 함께 학문적 연구로 승화시킨다. 제2차 세계대전으로 인한 사회적·역사적 변동과 본인의 문화적·인종적 정체감 혼란이 정체감 상실 위기를 연구할 수 있는 밑바탕이 되었다. 자아정체성은 '나' 라는 개인이 사회의 여러 그룹에서 자기 존재를 인식해 나가는 과정이다.

성격발달이론은 1950년에 발간된 《아동기와 사회(Childhood and Society)》라는 책에서 '인간의 여덟 시기(Eight Ages of Man)' 라는 제목으로 발표되었다. 그는 프로이드(Freud)와 달리 인간의 발달을 청년기에 끝나는 것으로 보지 않고 출생에서 죽음에 이르기까지 전생애에 걸쳐 변화해 가는 것으로 보았다.

이와 같은 관점에서 연구된 '한평생 발달 이론' 은 그리스도인 부모의 자녀양육뿐 아니라, 부모 자신의 인격 성숙에도 많은 도움을 준다. 그의 이론을 주교양 양육법과 접목해 보면, 한 가정 안에서 성인 부모와 어린 자녀가 함께 발달해 간다는 것이 매우 큰 의미가 있다. 부모는 자녀에게, 자녀는 부모에게 서로 꼭 필요한 훈련자가 되기 때문이다. 주교양 양육법의 신앙 발달 단계는 영적 나이의 성화의 각 단계와 같다. 육적 나이는 달라도 영적 나이에 따라 자연인 → 구원의 확신 → 주교양 양육 발달 단계(성화 과정) → 죽음(영화 단계)의 과정을 똑같이 겪는다.

1단계 유아기 발달심리: 기본적 신뢰감(희망) VS 불신감(두려움)
    주교양 양육의 단계: 하나님에 대한 신뢰감 갖기
이 시기에 양육을 잘 받으면, 아기는 이 세상을 안전하고 믿을 수 있는 곳이라 생각하는 기본적 신뢰감이 형성된다. 이것은 생의 의욕과 희망과 긍정적 세계관을 기르는 기초다. 그러나 아기를 부정적으로 다루거나 무관심하면 아기는 세상에 대해 불신하며 공포와 의심을 갖는다. 엄마(양육자)를 통해 기본 욕구를 일관성 있게 충족받고 안전함을 느끼고 이 세상에 대한 예측 가능함을 배우면, 하나님에 대해서도 신뢰하는 믿음을 갖기 쉽다. 그러나 이 시기에 불만족과 좌절을 많이 겪으면, 대인 관계나 하나님에 대해 의심과 불신을 갖기 쉽다.

2단계 걸음마기 발달심리: 자율성(의지적) VS 의심·수치(충동적)
　　주교양 양육의 단계: 하나님과 친밀해지기

부모의 신뢰감을 얻고 자신의 욕구를 처리하는 데 필요한 자율감이 발달되면 아이는 독립하고자 한다. 신체 발달에 따라 스스로 할 수 있는 것을 허용하고 격려하면 자율성이 증진되는 시기다. 걷기, 뛰기, 물건 던지기 등의 놀이와 배변 훈련을 통해 자율적 행동의 기술을 배운다. 이것은 독립심과 존중감을 기르는 밑거름이다. 적당한 감독과 제재가 필요하지만, 지나치면 자신의 능력을 의심하고 수치심을 갖게 되어 심한 자기 회의에 빠진다.

이 시기에는 소중한 대우를 받으면서 자신이 중요한 사람이라는 것을 인식해 간다. 유아의 의지를 모두 허용하기보다는 사회적 기대나 질서를 가르쳐야 한다. 이 시기부터 짧은 기도와 성경 이야기, 찬양, 가정예배 등을 통해 부모님께 순종하며, 하나님과 친밀해지는 것을 배우기 시작한다.

3단계 학령전기 발달심리: 주도성(목적) VS 죄의식(억제, 욕심)
　　주교양 양육의 단계: 하나님의 사랑과 훈계 배우기

자기의 요구에 따른 자율과 독립의 기초가 마련되면 어린이는 세계에 대해 적극적이고 능동적 신체 활동과 언어의 사용이 증가된다. 이를 자발성의 요구라고 한다. 그렇지 못하면

심한 죄책감을 갖게 된다. 질문과 탐색 활동이 잦아진다. 상상력이 풍부해지고, 적극적으로 대인 관계를 배우고, 능동적이고 주도적인 활동을 좋아한다. 걸음마기보다 구체적인 규칙과, 부모의 사랑과 훈계로서 질서와 순종을 배워야 한다. 부모가 아이에게 공감하고 칭찬하고 사랑할 때도, 일관성 있는 훈계가 필요한 시기다. 가족과 함께 성경을 매일 읽게 하고, 성경 말씀의 의미를 배우고, 실생활에서 말씀대로 사는 순종 훈련이 필요하다.

4단계 학령기 발달심리: 근면성(능력) VS 열등감(질투)
 주교양 양육의 단계: 성경적 가치관 세우기
지적 호기심과 성취 동기에 의해 활동이 유발된다. 성취 기회와 성취 과업을 인정하고 격려하면 성취감이 길러진다. 그렇지 못하면 좌절감과 열등감을 갖는다. 충돌과 갈등이 있어도 적극적으로 주의 교양과 훈계를 유지해야 한다. 성경암송을 시작하는 게 좋다. 큐티를 엄마와 함께하면 논리력이 길러진다. 집중력 훈련과 근면성이 길러지고, 공부에 대한 동기부여가 필요한 시기다. 부모와 함께 배운 말씀을 그대로 적용하는 훈련을 하는 것이 중요하다. 자녀들은 부모의 신앙을 보고 배운다. 아는 것과 행하는 것의 일치를 거듭 훈련해야 하는 시기다.

5단계 청소년기 발달심리: 자아정체성 확립(충성심) VS 역할 혼란(거부, 거만)

주교양 양육의 단계: 그리스도인으로 정체성 갖기

자신이 어떤 사람이 될 것인가에 대해 깊은 관심을 갖게 된다. 질풍노도의 시기를 겪는다. 끊임없는 자기 질문을 통해 자신에 대한 통찰과 자아상을 찾기 위한 노력을 하게 된다. 그 결과 얻는 것이 자아정체성(ego-identity)이다. 이것을 형성하지 못하고 방황하게 되면 역할 혼란(role confusion) 또는 자아정체성 혼미(identity diffusion)가 온다. 이는 직업 선택이나 성 역할 등에 혼란을 가져오고 인생관과 가치관의 확립에 심한 갈등을 일으킨다.

자신의 역할을 통해 자아정체감을 갖고, 불확실한 장래 일이나 가정에 대한 고민이 많아지는 시기다. 신체적으로도 호르몬의 변화가 많은 시기이므로 자신의 성정체성을 확실히 갖게 하는 지도가 필요하다. 영적 분별력과 가치관이 형성되는 이 시기에는 부모나 선생님보다 또래 그룹과의 관계를 매우 중시한다. 믿지 않는 친구들의 영향을 받기 쉽고, 대중문화를 통해 여러 가지 반성경적 영향을 받는다. 부모의 신앙 태도에 따라 영적 침체기에 빠지기도 쉽지만, 주의 교양과 훈계를 중시하면서 말씀과 기도로 훈련하면 하나님과 자신의 인생을 연결해서 생각하고 꿈을 갖고 노력하는 시기다.

6단계 청년기 발달심리: 친밀감(사랑) VS 고립감(배타성)

　　　주교양 양육의 단계: 멘토와 그리스도인 부모 되기

자신의 정체성을 타인의 정체성과 연결시키고 조화시키려고 노력하게 된다. 자신의 고립을 배우자, 부모, 동료 등 사회의 여러 다른 성인들과의 친밀감으로 극복하고자 한다. 그렇지 못하면 고립된 인생을 영위하게 된다.

청년 중기가 되면 이성과의 친밀감이 결혼으로 결실을 맺는다. 배우자나 자녀를 사랑하며, 인간관계의 폭을 넓혀 가기도 하지만, 자신의 직업과 경제적 능력과 여러 가지 요인에 의해 고립감에 빠지기 쉬운 시기다. 영적으로는 양육을 받기만 하는 신앙이 아니라, 성장하여 양육자의 위치에 서게 되는 시기다. 예수님의 사랑을 실천하는 삶을 사는 훈련이 필요하고, 가정에서는 부부가 서로 책임을 지고, 자녀를 일관성을 가지고 책임감 있게 돌보는 훈련이 시작된다.

7단계 중년기 발달심리: 생산성(배려, 돌봄) VS 정체(무관심, 자기 탐닉)

　　　주교양 양육의 단계: 그리스도인으로서 영향력 끼치기

다른 성인들과 원만한 관계가 성취되면 중년기에는 자신에게 몰두하기보다 생산적 일과 자녀양육에 몰두한다. 이것이 원만하지 못하면 어릴 때와 마찬가지로 자신에게만 몰두하고 사회적·발달적 정체를 면하지 못한다.

이 시기는 인생에서 그동안 뿌려진 씨가 열매 맺는 시기다. 출산, 양육, 직업 성취, 문화 계승, 사회 봉사, 다음 세대 양성을 통해 미래로 가는 연결고리로 자신을 인식하는 시기다. 그러나 자기 탐닉에 빠진 사람은 자신의 직업과 가족 등에 관심을 쏟지 않고 무책임하며, 자기의 편안함과 쾌락만을 추구하는 경향이 있다.

가정과 교회와 사회에서 중추적 역할을 하는 시기다. 그러나 성경대로 배우고 실천하지 않으면, 자녀들이나 믿지 않는 사람에게 믿음의 악영향을 미치기 쉽다. 자녀들은 부모의 위선적 행동을 정말 싫어하고, 세상은 그리스도인을 판단하는 도덕 기준이 매우 높다. 불분명한 신앙이나 이중 기준으로 세상과 교회를 오가며 자기중심적인 잘못된 신앙을 갖기 쉽다. 부모가 인생의 사추기를 맞는 이때, 자녀의 사춘기가 맞물려 있으므로 정신적·영적인 위기가 오기 쉬운 나이다.

8단계 노년기 발달심리: 자아통합(지혜) VS 절망(우울증, 오만함)
주교양 양육의 단계: 천국 소망으로 승리하기

통합성은 인생을 그대로 인정하고 받아들여 죽음까지도 수용하는 것을 의미한다. 천국에 대한 소망과 삶의 지혜로 노년기에 자아통합을 갖는 노인은 지나온 세월에 대해 회한을 갖기보다 적극적으로 노인의 삶을 시작한다. 베푸는 삶, 더 적극적으로 믿음을 실천하는 삶을 살고자 한다. 그러나 절망이나 우울증에 빠지면, 직업에서의 역할 상실, 경제적 어려움, 건강의 불편함, 가족에서의 소외감 탓에 괴로워하며 타인을 원망하는 삶을 살기 쉽다. 직업적·영적으로 후대를 생각하고 현실을 그대로 수용하는 훈련이 필요하다. 자녀와 친구가 되어가는 시기다.

인생의 각 단계 중에서 긍정적 경험을 많이 하면 밝은 자아상이 형성되고, 부정적 경험을 많이 하면 어두운 자아상이 형성된다. 성격은 하나님과의 관계와 신앙의 발달 단계에도 많은 영향을 미친다.

다음은 에릭슨의 '한평생 발달 이론'에 성경적 자녀양육법을 접목한 도표다.

발달 단계	사회심리성 위기 밝은 자아/ 어두운 자아	영향 미치는 주요 관계	미덕 긍정적 원동력	악덕 부정적 원동력
유아기(0-1세)	기본적 신뢰감/ 불신감	어머니	희망	두려움, 과식, 폭음, 폭식
걸음마기(2-3세)	자율성/ 의심·수치심	부모님	의지적	충동적, 신경질, 분노
학령전기(3-6세)	주도성/ 죄의식	가족	목적	억제, 탐욕, 욕심
학령기(6-12세)	근면성/ 열등감	이웃, 학교	능력, 적격성	비활발, 질투
청소년기(12-18세)	자아정체성/ 역할 혼란	또래·동료, 외부 집단, 리더십 모델	충성심	거부, 거만
청년기(18-35세)	친밀감/ 고립감	동성·이성 친구	사랑	배타적, 성적 문제
중년기(40-65세)	생산성/ 정체	배우자	배려, 돌봄 자녀양육과 가사 공유	자기 탐닉, 요청 거절, 무관심
노년기(65세 이후)	자아통합/ 절망	인류, 우리들	지혜	우울증, 오만함

주교양 양육법

하나님에 대한 신뢰감 갖기 엄마(양육자)로부터 기본 욕구 충족을 일관성 있게 받으면, 하나님에 대한 믿음을 갖기 쉽다. 그러나 이 시기에 불만족과 좌절을 많이 겪으면 대인 관계나 하나님에 대한 의심과 불신과 두려움을 갖기 쉽다. 엄마가 젖먹일 때마다 눈을 맞추고 기도하면, 아이는 예배를 즐거워하며 자란다.

하나님과 친밀해지기 신체적 성장과 발달에 따라 자율성이 증진되는 시기다. 놀이를 통해 자율적 행동의 기술을 배우고, 배변 훈련을 한다. 이 시기에 소중한 대우를 받으면서 자신이 중요한 사람이라는 것을 인식해 간다. 유아의 의지를 모두 허용하기보다는 사회적 기대나 질서를 가르쳐야 한다. 이 시기는 간단하고 짧은 기도와 성경 이야기, 찬양, 가정예배 등을 통해 부모님께 순종하며, 하나님과 친밀해지는 것을 배우기 시작한다.

하나님의 사랑과 훈계 배우기 상상력이 풍부해지고, 대인 관계를 배우고, 능동적이고 주도적인 활동을 좋아한다. 걸음마보다 구체적인 규칙과, 사랑과 훈계로써 제한과 질서와 순종을 배워야 한다. 부모가 아이에게 공감하고 칭찬하지만, 일관성 있는 훈계가 필요한 시기다. 가족과 함께 성경을 매일 읽고, 성경 말씀의 의미를 배우고, 실생활에서 말씀대로 사는 훈련이 필요하다. 하나님은 부모에게 적절한 사랑과 훈계로 자녀를 양육할 권위를 주셨다.

성경적 가치관 세우기 충돌과 갈등이 있어도 적극적으로 주의 교양과 훈계를 시작해야 한다. 성경 암송을 시작하는 것이 좋다. 어린이용 큐티를 엄마가 함께하면 논리적으로 생각하는 능력이 길러진다. 집중력 훈련과 근면성이 길러지고, 공부에 대한 동기부여가 필요한 시기다. 자녀와 큐티로 배운 말씀을 그대로 적용하는 훈련을 부모가 함께하는 것이 중요하다. 자녀들은 부모의 신앙을 보고 배운다.

그리스도인으로 정체성 갖기 자신의 역할을 통해 자아정체성을 갖고 불확실한 자신의 장래 일이나, 가정에 대한 고민이 많아지는 시기다. 신체적으로도 호르몬의 변화가 많은 시기이므로 성정체성을 확실히 갖게 하는 지도가 필요하다. 영적 분별력과 가치관이 형성되는 이 시기는, 부모나 선생님보다 믿지 않는 친구들의 영향을 받기 쉽고, 대중문화를 통해 반성경적 영향을 받는다. 부모의 신앙 태도에 따라 영적 침체기에 빠지기도 쉽지만, 주의 교양과 훈계를 중시하면서 말씀과 기도로 훈련하면, 하나님과 자신의 인생을 연결해서 생각하고 꿈을 갖고 노력하는 시기다.

멘토와 그리스도인 부모 되기 청년 중기가 되면 이성과의 친밀감을 결혼으로 결실을 맺는다. 배우자나 자녀를 사랑하며, 인간관계의 폭을 넓혀 가기도 하지만, 자신의 직업과 경제적 능력과 여러 가지 요인에 의해 고립감에 빠지기 쉽다. 영적으로는 양육을 받기만 하는 신앙이 아니라, 성장해서 멘토가 되어 양육자의 위치에 서게 되는 시기다. 예수님의 사랑을 실천하는 삶의 훈련이 필요하고, 부부가 서로 책임지고 자녀를 일관성 있고 책임감 있게 돌보는 훈련이 시작된다.

그리스도인으로서 영향력 끼치기 인생에서 그동안 뿌려진 씨가 왕성하게 열매 맺는 시기다. 그러나 자기 탐닉에 빠진 사람은 자신의 직업과 가족 등에 무책임해지며, 자기 안일과 쾌락만을 추구하는 경향이 있다. 가정, 교회, 사회 속에서 중추적 역할을 하는 시기다. 자녀들은 부모의 위선적 행동을 정말 싫어하고, 이 세상은 그리스도인을 높은 도덕적 기준으로 판단한다. 때문에 성경대로 배우고 실천하지 않으면, 자녀들이나 믿지 않는 사람에게 믿음의 악영향을 미치기 쉽다. 부모가 인생의 제2사춘기를 맞는 이때, 자녀의 사춘기가 맞물려 있으므로 정신적·영적인 위기가 오기 쉽다.

천국 소망으로 승리하기 천국의 소망으로 인생을 통합하는 시기다. 절망에 빠지거나 늙어감의 우울증에 빠지면, 경제적 역할 상실, 건강의 불편함, 가족에서의 소외감 때문에 괴로워하면서 타인을 원망하는 삶을 살기 쉽다. 후대를 생각하고 베푸는 삶을 살면 풍성한 노후를 누린다. 현실을 그대로 수용하는 훈련이 필요하다. 자녀와 친구가 되어 가는 시기다.

에릭슨은 발달 단계의 특징을 비교적 잘 설명하고 있지만, 부정적 성격이나 문제가 생겼을 때 근본적 해결 방법까지 제시하지는 않는다. 그러나 성경은 어린 자녀에게, 부모에게, 또 이 세상의 상전들과 임금들에게 이 세상을 살아갈 때 어떻게 해야 하는지 아주 구체적으로 가르쳐 주고 있다. 인본주의 학문의 방법과 성경의 방법은 문제 해결 방식이 다르다. 세상의 학문은 시대나 문화에 따라 기준도 다르고 해결 방법도 다르지만, 성경은 문제가 생겼을 때의 처리 방법도 항상 같고 기준과 답도 같다.

"모든 성경은 하나님의 감동으로 된 것으로 교훈과 책망과 바르게 함과 의로 교육하기에 유익하니 이는 하나님의 사람으로 온전하게 하며 모든 선한 일을 행할 능력을 갖추게 하려 함이라"(디모데후서 3:16-17).
"오직 너는 바른 교훈에 합당한 것을 말하여 늙은 남자로는 절제하며 경건하며 신중하며 믿음과 사랑과 인내함에 온전하게 하고 늙은 여자로는 이와 같이 행실이 거룩하며 모함하지 말며 많은 술의 종이 되지 아니하며 선한 것을 가르치는 자들이 되고 그들로 젊은 여자들을 교훈하되 그 남편과 자녀를 사랑하며 신중하며 순전하며 집안일을 하며 선하며 자기 남편에게 복종하게 하라 이는 하나님의 말씀이 비방을 받지 않게 하려 함이라"(디도서 2:1-5).

어린 자녀들뿐 아니라 믿지 않는 세상 사람들이 성경을 볼 수 있는 통로는, 하나님을 믿고 성경 말씀을 지키며 살아가려고 노력하는 부모의 삶이다. 그리스도인 부모의 삶은 자녀에게 보내지는 편지다. "너희는 우리의 편지라 우리 마음에 썼고 뭇 사람이 알고 읽는 바라 너희는 우리로 말미암아 나타난 그리스도의 편지니"(고린도후서 3:2-3).

하나님은 자녀의 나이와 부모의 나이가 맞물려 함께 성장해 가도록 섭리하신 게 분명하다. 또한 아직 하나님을 모르는 사람들에게 하나님을 알게 하려는 구원의 통로로 부모와 함께 착한 일을 시작하셨다. "너희 안에서 착한 일을 시작하신 이가 그리스도 예수의 날까지 이루실 줄을 우리는 확신하노라"(빌립보서 1:6).

Think
함께 생각하기

1. 나는 다음의 여러 유형 중에서 어떤 유형의 부모인가 생각해 보자.
   - 허용적 부모: 사랑은 많지만 훈계를 하지 않고 아이의 자율에만 맡긴다.
   - 과잉보호형 부모: 사랑도 많고 간섭도 많다.
   - 권위주의적 부모: 사랑을 표현하지 않으며 부모의 권위를 주로 내세운다.
   - 방임형 부모: 자녀양육에 무관심한 편이다.
   - 성경적 부모: 자녀양육의 기준을 성경에서 배우고 실천한다.

2. 자녀의 사춘기와 자신이 맞이한 중년의 사추기(제2사춘기)의 갈등이 있다면 함께 나눠 보자.

3. 에릭슨이 제시한 '한평생 발달 이론'에 비추어 자신의 인생에서 가장 힘들었던 시기가 언제였는지 나눠 보자. 어두운 자아가 형성된 시기가 있었다면, 어떻게 극복해야 할 것

인지 생각해 보자.

4. 나의 자녀는 지금 인생의 8단계 중에서 어느 시기에 해당하는가? 적절한 성품의 발달과 신앙의 단계를 거치고 있는지 점검해 보자.

5. 자녀가 잘못했을 때 적절한 훈계를 하고 있는가? 자녀의 나이에 맞는 훈계와 사랑을 하고 있는지 말씀을 통해 점검해 보자.
"아이의 마음에는 미련한 것이 얽혔으나 _____하는 채찍이 이를 멀리 쫓아내리라"(잠언 22:15).
"채찍과 꾸지람이 _____를 주거늘 임의로 행하게 버려 둔 자식은 어미를 욕되게 하느니라"(잠언 29:15).
"네 자식을 징계하라 그리하면 그가 너를 _____하게 하겠고 또 네 마음에 기쁨을 주리라 _____가 없으면 백성이 방자히 행하거니와 _____을 지키는 자는 복이 있느니라"(잠언 29:17-18).

Pray
기 도 하 기

:: 자녀를 위한 기도

하나님 아버지, 제 자녀_____가 나이에 맞는 성품의 발달 과정을 겪도록 도와주시옵소서. _____가 인생에 대해 기본적인 신뢰를 회복하고, 자율적이며 솔선수범하며 근면한 자녀로 자라게 도와주시옵소서. 청소년기에 건강한 자아정체성을 형성하고 인간관계를 갖도록, 친밀한 청년기와 생산성 있는 중년기를 잘 통과하도록 도와주시옵소서. 제가 나이가 들어 이 땅을 떠났을 때도 _____가 자아가 통합된 노년기를 맞이하여 하나님께 온전히 쓰임 받는 보람된 인생이 되게 도와주시옵소서. _____의 일평생을 주님께 맡겨 드리며, 예수님의 이름으로 기도합니다. 아멘.

:: 부모를 위한 기도

하나님 아버지. 저의 일평생을 돌아보는 지혜를 주시옵소서. 제가 지혜가 부족해서 적절한 사랑과 훈계를 아이의 나이에 맞게 관심 있게 하지 못했음을 고백합니다. 준비 없이 부모가 된 저를 불쌍히 여기시고, 제가 몰라서 자녀를 잘 인도하지 못했던 인생의 시기들을 회복시켜 주시옵소서. _____가 자라가면서 각 나이마다 배워 갈 때, 저도 새롭게 배우는 겸손함을 주시고, 우리 가정을 하나님의 말씀으로 새롭게 인도해 주시옵소서. 성경을 지식으로만 배우지 말게 하시고, 작은 일 하나에서부터 성경 말씀을 실천할 용기와 믿음을 주시옵소서. 하나님이 싫어하시는 것을 저와 제 자녀도 싫어하게 해 주시고, 하나님이 기뻐하시는 것을 저와 제 자녀도 기뻐하는 은혜를 주시옵소서. 예수님의 이름으로 기도합니다. 아멘.

<u>　　　　　　　　　　　　　　　　　　　　　　　</u> <u>L i v e</u>
결단·실천하기

하나님, 나는 그리스도인 부모로서
<u>　　　　　　　　　　　　　　　　　　　　　</u>을
실천하기로 결단합니다.

PART 2

세상 이론보다 탁월한
성경적 자녀양육법, 주교양 양육법

1. 부모가 먼저 하나님께 순종하라
2. 주의 교양과 훈계로 양육하라
3. 말씀과 기도를 훈련시키라
4. 자녀를 노엽게 하지 말라
5. 험담과 거짓을 버리라
6. 어려서 좋은 길을 가르치라
7. 부모 사명을 선언하라

하나님의 자녀양육 명령은 '쉐마'(신명기 6:4-9)에 잘 나타나 있다. 그리스도인 부모는 자녀에게 성경을 부지런히 가르쳐야 하는데, 이 일은 선택이 아니라 필수다. "네 자녀에게 부지런히 가르치며 집에 앉았을 때에든지 길을 갈 때에든지 누워 있을 때에든지 일어날 때에든지 이 말씀을 강론할 것이며"(신명기 6:7).

하나님은 자녀를 노엽게 하지 말고 '주의 교양과 훈계'로 양육하라고 부모에게 명하셨다(에베소서 6:4, 골로새서 3:21). '교양(양육, nurture)'은 '행동과 행위로써 아이를 교육하고, 잘못된 점을 교정하는 것'이다. '훈계(징계, discipline, admonition)'는 '말로써 자녀의 그릇된 행동과 마음의 동기가 무엇인지 잘 파악하여 충고하고 격려하고 가르치는 것'이다. 하나님의 말씀대로 하나님의 교양으로 양육하는 주교양 양육법으로 가르침을 받은 자녀는 늙어도 그 교훈에서 떠나지 않는다는 것이 하나님의 약속이다(잠언 22:6).

성경을 배우는 목적은 지식적 사실에 대한 배움 자체보다는 삶 속에서의 구체적인 실천에 있다. 주교양 양육법의 목적은 자녀가 "그리스도 예수 안에 있는 믿음으로 말미암아 구원에 이르는 지혜가 있게 하"(디모데후서 3:15)고, "하나님의 사람으로 온전하게 하며 모든 선한 일을 행할 능력을 갖추게 하"(디모데후서 3:17)기 위한 것이다.

"모든 성경은 하나님의 감동으로 된 것으로 교훈(교리, doctrin, 가르침, teaching)과 책망(correction)과 바르게 함과 의로 교육하기에(training in righteousness) 유익하니 이는 하나님의 사람으로 온전하게 하며 모든 선한 일을 행할 능력을 갖추게 하려 함이라"(디모데후서 3:16-17).

하나님이 가르쳐 주시는 주교양 양육법은 누구나 믿음만 있으면 따라 할 수 있다. 자녀양육법과 목적이 선명해진다. 하나님의 방법은 세상 방법처럼 자주 변하거나 혼란스럽지 않다. 하나님께서 찾으시는 사람으로 내 자녀를 키우려면, '주의 교양과 훈계'로 양육하면서 부모가 먼저 '성경적 가치관'을 확립하고 '주님의 진리와 은혜' 속에 살아야 한다.

1. 부모가 먼저 하나님께 순종하라

"자녀들아 모든 일에 부모에게 순종하라 이는 주 안에서 기쁘게 하는 것이니라 아비들아 너희 자녀를 노엽게 하지 말지니 낙심할까 함이라"(골로새서 3:20-21).

"너희가 즐겨 순종하면 땅의 아름다운 소산을 먹을 것이요 너희가 거절하여 배반하면 칼에 삼켜지리라 여호와의 입의 말씀이니라"(이사야 1:19-20).

하나님은 부모에게 자녀양육을 명하셨다. 하나님은 유일하신 여호와시니 부모 자신이 먼저 하나님을 사랑하고 말씀에 순종하라고 하셨다. 부모가 말씀을 열심히 배우면서 자녀에게도 부지런히 가르칠 것을 명령하셨다. "이스라엘아 들으라 우리 하나님 여호와는 오직 유일한 여호와이시니 너는 마음을 다하고 뜻을 다하고 힘을 다하여 네 하나님 여호와를 사랑하라 오늘 내가 네게 명하는 이 말씀을 너는 마음에 새기고 네 자녀에게 부지런히 가르치며 집에 앉았을 때에든지 길을 갈 때에든지 누워 있을 때에든지 일어날 때에든지 이 말씀을 강론할 것이며 너는 또 그것을 네 손목에 매어 기호를 삼으며 네 미간에 붙여 표로 삼고 또 네 집 문설주와 바깥 문에 기록할지니라"(신명기 6:4-9).

자녀가 하나님께 쓰임 받는 인물이 되기를 원하고 기도하는

가? 그렇다면 먼저 하나님께 순종하는 체질로 자녀를 양육해야 한다. 말씀을 부지런히 가르치고 예배드리는 자로 인도해야 한다. 예수 그리스도를 믿고 구원받은 자로 키워야 한다. 하나님의 은혜를 누리는 자로 키워야 한다. 구원의 하나님은 우리로 인해 기뻐하는 분이시다. "너의 하나님 여호와가 너의 가운데에 계시니 그는 구원을 베푸실 전능자이시라 그가 너로 말미암아 기쁨을 이기지 못하시며 너를 잠잠히 사랑하시며 너로 말미암아 즐거이 부르며 기뻐하시리라 하리라"(스바냐 3:17).

모든 것에서 상대적 가치를 추구하는 21세기에는 이성과 지성과 감성과 영성의 조화를 이루는 하나님의 자녀가 필요하다. 하나님은 먼저 순종하는 사람을 찾으신다. 다윗은 순종을 통해 하나님의 마음에 합한 사람이 되었다. 아브라함도 요셉도 모세도 바울도, 모두 순종함으로 하나님께 인정받았다. 순종한 자녀는 하나님의 동역자가 된다. "사무엘이 이르되 여호와께서 번제와 다른 제사를 그의 목소리를 청종하는 것을 좋아하심같이 좋아하시겠나이까 순종이 제사보다 낫고 듣는 것이 숫양의 기름보다 나으니"(사무엘상 15:22).

예수님도 순종으로 본을 보이셨다. "그가 아들이시면서도 받으신 고난으로 순종함을 배워서 온전하게 되셨은즉 자기에게 순종하는 모든 자에게 영원한 구원의 근원이 되시고"(히브리서 5:8-9). 그리스도인은 예수님을 닮은 자들이다.

자녀는 순종하는 부모를 보고 순종을 배우고, 불순종하는 부모를 보고 불순종을 배운다. 주교양 양육법의 첫 번째 원리는, 부모가 먼저 하나님께 순종하는 사람이 되어 본을 보이고, 자녀도 하나님께 순종하는 체질로 키우는 것이다.

Think
함께 생각하기

1. 나는 자녀양육의 목적을 어디에 두고 있나? 성경 말씀과 비교해 보자. (디모데후서 3:17)

2. 자녀가 부모에게 어떻게 해야 한다고 성경은 가르치고 있는가? (에베소서 6:1-3)

3. 부모는 자녀에게 어떻게 하라고 성경이 가르치고 있는가?
   (에베소서 6:4)

4. 바울은 영적 자녀들이 어떻게 자라기를 소망하는가?
   (갈라디아서 4:19, 에베소서 4:13-15)

5. 현재 부모 자신이 말씀대로 순종하는 것이 가장 잘 되는 삶의 영역과 순종이 어려워서 내적 갈등을 일으키는 삶의 영역은 무엇인가? 또 자녀가 주로 불순종하는 일은 무엇인가 함께 나눠 보자.

Pray
기 도 하 기

:: 자녀를 위한 기도

하나님 아버지! 제 자녀 _____를 위해 기도합니다. _____의 말대답하는 습관과, 마음속에 뿌리내린 불순종하는 습관을 고쳐 주세요. _____의 마음속에 얽힌 미련한 마음을 하나님이 주시는 지혜의 말씀과 순종하는 마음으로 바꿔 주세요. _____의 마음 밭을 착하고 부드러운 마음으로 바꿔 주세요. 예수님의 이름으로 기도합니다. 아멘.

:: 부모를 위한 기도

하나님 아버지, 저의 불순종을 먼저 회개합니다. 제 안에 있는 교만과 이기심과 고집과 회개하지 않는 마음을 고쳐 주세요. 이제부터는 하나님을 향한 저 자신의 불순종을 다스리며, 부모 된 제가 자녀의 반항심에 겁먹거나 소극적으로 대하지 않게 해 주세요. 주님께서 주신 자녀를 가르치고 다스릴 수 있는 능력을 주세요. 제가 먼저 주님께 순종하며 주님이 약속하신 삶의 결실이 인격이 되게 해 주세요. 예수님의 이름으로 기도합니다. 아멘.

Live
결단·실천하기

하나님, 나는 _____을 고치기로 결단합니다.

2. 주의 교양과 훈계로 양육하라

"여호와를 경외하는 것이 지식의 근본이거늘 미련한 자는 지혜와 훈계를 멸시하느니라 내 아들아 네 아비의 훈계를 들으며 네 어미의 법을 떠나지 말라"(잠언 1:7-8).

"모든 성경은 하나님의 감동으로 된 것으로 교훈과 책망과 바르게 함과 의로 교육하기에 유익하니"(디모데후서 3:16).

"아이의 마음에는 미련한 것이 얽혔으나 징계하는 채찍이 이를 멀리 쫓아내리라"(잠언 22:15).

"자녀들아 주 안에서 너희 부모에게 순종하라 이것이 옳으니라 네 아버지와 어머니를 공경하라 이것은 약속이 있는 첫 계명이니 이로써 네가 잘되고 땅에서 장수하리라 또 아비들아 너희 자녀를 노엽게 하지 말고 오직 주의 교훈과 훈계로 양육하라"(에베소서 6:1-4).

우리나라는 모든 게 빠르다. 교육에서도 '빨리빨리 병'이 심하다. 수시로 새로운 교육 방법이 등장하는 요즘에는, 아이들의 학년이 조금만 달라도 대화에 끼기 어렵다. 유행이 바뀌면서 거의 1~2년 주기로 강조점이 달라진다. 그러나 그리스도인 부모라면, 유명한 학원이나 고가의 사교육에 대해서도 대범해질 필요가 있다. 다른 집 아이들이 다 사는 물건이라도 안 살 수 있는 것이고, 아무리 유명한 학원이라도 내 아이에게 적합하지 않으면 안 보낼 수 있는 용기가 필요하다.

세계적 교육학자였던 스포크 박사의 육아법은 제2차 세계대전 후 전 세계를 지배해 왔다. 수많은 부모들이 그의 이론을 따랐다. 그러나 그의 육아법에 대한 반론이 거세게 일었다. 그의 가르침대로 넘어지면 일으켜 주고, 칭얼대면 안아 주고, 성질을 부려도 더 포용하고 이해하면서 키운 아이들이 급기야 커 가면서 난리를 치기 시작한 것이다.

1998년 3월 15일 세상을 떠나기 전에 가졌던 한 인터뷰에서 몇몇 용감한 사람들이 직접 박사에게 이렇게 질문했다.
"어쩌면 미국이 아이들을 잘못 키운 것이 아닙니까?"
이 질문에 스포크 박사는 자신의 육아법에 심각한 결함이 있음을 공개적으로 사과했다. 기막힌 일이지만, 뒤늦게라도 자신의 잘못을 시인한 정직은 존경할 만하며 감사한 일이다. 그러나 그의 육아 방식대로 아이를 키운 전 세계 부모들에게는 돌이킬 수 없는 일이 되었다.

매우 엄격했던 어머니 밑에서 항상 공부에 쫓기고 예절을 배우고 집안일을 도우며 자유롭지 못한 어린 시절을 보냈던 스포크 박사는, 결국 자신의 어린 시절을 다른 어린아이들에게 물려줘서는 안 된다는 잘못된 사명감을 가졌던 것이다.

그런 그의 영향은 지금도 거대한 흐름이 되어 아동 중심의 교육이라는 진보주의 교육 이념으로 아이들의 기를 살리고, 아이에게 무조건 허용적인 속수무책의 가정들을 양산해 내는 중이다. 이렇듯 세상의 자녀양육 이론은 학자 자신의 개인 경험과 그 시대의 정치, 경제와 밀접한 관련이 있다. 때로는 그 시대가 원하는 인간상을 만들기 위해 고안된 것들이 의도적으로 포함되기도 한다.

성경은 인간의 상태를 확실하게 말해 준다. 인간은 모두 죄로 인해 죽었고, 하나님과 단절된 상태다. 기독교가 가장 심하게 세상 가치관과 부딪치는 대목이다. 성경은 날마다 읽고 사용해야 할, 생각과 가치관의 거름망이다. 세상 이론은 늘 변하고 불완전하다. 새로운 이론이 밝혀지면, 옛것은 사라지곤 한다. 세상 가치관이 추구하는 인간상과 성경적 가치관이 추구하는 인간상은 다르다.

성경은 예나 지금이나 항상 동일한 말씀으로 완전하다. 가장 오래되었지만 어느 시대에서나 가장 최신의 자녀양육 교재는 성경이다.

그리스도인 부모로서 잘못된 세상의 가치관에 휩쓸려 있다면, 3박 4일 동안 회개해도 고치기 어려운 일이니 자신을 잘 점검해 보기 바란다. 물질로 자녀를 키우려 하면 할수록, 물질이 올무가 될 것이다. 물질은 바닷물처럼 마실 수 없는 물이다.

목마름은 생수이신 예수님을 믿음으로만 해갈이 된다. "나를 믿는 자는 성경에 이름과 같이 그 배에서 생수의 강이 흘러나오리라"(요한복음 7:38)는 말씀을 아무리 신학적으로 분석하고 지식적으로 연구해도 목마름을 해결할 수 없다. 자녀의 배에서 생수의 강이 흘러나오게 하려면 하나님의 기준을 가르치고, 지켜 행하게 인도해야 한다.

그리스도인 부모는 자녀를 놓고 수없이 선택의 기로에 놓이게 된다. 중·고등학생만 되면 예배보다는 대입준비가 더 중요해진다. '주의 교양과 훈계'로 말씀을 가르치는 일은 아예 뒷전이 되고 만다. 학원 시간과 예배 시간이 겹치면 학원이 우선이 된다. 이처럼 우선순위가 바뀌기 시작하면, 자녀도 부모도 혼란의 반복을 겪는다. 생각의 혼란은 죄를 선택하는 지름길이다.

주교양 양육법의 두 번째 원리는 하나님의 기준인 성경 말씀을 통해, 내 자녀를 '주의 교양과 훈계'로 양육하는 일이다.

Think
함께 생각하기

1. 하나님이 원하시는 자녀양육의 성경적기준은 무엇인가?

   (신명기 6:4-9, 에베소서 6:4)

2. 성경의 4가지 유익은 무엇인가? (디모데후서 3:16)

3. 하나님 말씀(율법, 증거, 교훈, 계명)의 4가지 능력은 무엇인가?

   (시편 19:7-8)

4. 성경적 자녀양육에서 자녀가 성장해야 할 4가지 영역은 무엇인가? (누가복음 2:52)

5. 내가 현재 행하는 자녀양육의 모습 속에서 성경의 원리와 상반되는 것은 무엇인지 찾아보자.

6. 현재 자녀양육에서 배우자에게 가장 도움받기를 원하는 게 있다면 목록을 작성해 보라. 또 배우자가 나에게 원하는 것이 무엇인지 말해 보자.

P r a y
기 도 하 기

:: 자녀를 위한 기도

하나님 아버지, _____가 늙어서도 하나님의 법을 떠나지 않는 사람이 되게 인도해 주세요. 성경 말씀을 어려서부터 잘 암송하고, 잘 순종하게 해 주세요. _____가 배운 말씀을 인생의 기준으로 삼아 삶의 어떤 상황에서도 하나님의 기준을 놓치는 일이 없도록 보호해 주세요.

하나님 아버지, _____에게 하나님이 주시는 믿음의 선물이 날마다 풍성해지길 기도합니다. _____가 일평생 주님의 말씀을 가까이 두고 배우며 행하기를 즐거워하는 사람으로 자라게 인도해 주세요. _____가 훗날 부모가 되어서도 하나님 말씀 배우기를 게을리 하지 않고, 배움과 행함을 힘쓰는 사람이 되게 도와주세요.

_____의 믿음이 세상 가치관과 충돌할 때마다 진리의 영이 인도하시고, "견실하며 흔들리지 말고 항상 주의 일에

더욱 힘쓰는"(고린도전서 15:58) 자녀가 되도록 가르쳐 주세요. 일평생 믿음으로 성경 말씀을 잘 실천하는 자녀가 되기를 소원합니다. 예수님의 이름으로 기도합니다. 아멘.

:: 부모를 위한 기도

하나님 아버지, 저는 롯의 아내처럼 두고 온 세상에서 발이 떨어지지 않아 자꾸만 뒤돌아보았습니다. 불쌍히 여기시고, 이제부터는 저의 삶이 먼저 하나님의 말씀을 기준으로 삼게 하시고, 자녀에게도 그렇게 가르칠 지혜와 믿음을 주세요. 제가 실패할 때마다 성령님께서 도와주시고, 다시 시작할 힘과 실천할 용기를 주세요.

하나님 아버지, 배우려 하지 않는 저의 교만함을 용서해 주세요. 주님은 자녀와 함께 성장하길 원하시는데, 힘들 때마다 "제가 이보다 어떻게 더 할 수 있나요?" "우리 애는 왜 저 모양이죠?"라며 정죄하고 불평했던 죄를 용서해 주세요. "나는 자녀를 위해 할 만큼 했으니 더 이상은 할 수 없다."고 포기하며 좌절하는 어리석음에서 구원해 주세요. 자녀에 관해 새로 배우고, 문제를 해결하고, 다시 노력하고 기도할 새 힘을 부어 주세요.

나와 내 자녀가 예수 그리스도의 장성한 분량에 이르기를 원하시는 주님의 소원을 깨닫게 해 주세요. 포도나무이신 예수님께 온전히 잘 붙어 있는 가지가 되고, 주님이 공급하시는 사랑의 힘으로 잘 익고 성숙한 결실을 맺는 포도나무 가지가 되기를 소원하오며, 예수님의 이름으로 기도합니다. 아멘.

<u>Live</u>
결단·실천하기

하나님, 나는 _____ 을 실천하기로 결단합니다.

3. 말씀과 기도를 훈련시키라

말씀 훈련

"이스라엘아 들으라 우리 하나님 여호와는 오직 유일한 여호와이시니 너는 마음을 다하고 뜻을 다하고 힘을 다하여 네 하나님 여호와를 사랑하라 오늘 내가 네게 명하는 이 말씀을 너는 마음에 새기고 네 자녀에게 부지런히 가르치며 집에 앉았을 때에든지 길을 갈 때에든지 누워 있을 때에든지 일어날 때에든지 이 말씀을 강론할 것이며 너는 또 그것을 네 손목에 매어 기호를 삼으며 네 미간에 붙여 표로 삼고 또 네 집 문설주와 바깥문에 기록할지니라"(신명기 6:4-9).
"또 어려서부터 성경을 알았나니 성경은 능히 너로 하여금 그리스도 예수 안에 있는 믿음으로 말미암아 구원에 이르는 지혜가 있게 하느니라"(디모데후서 3:15).
"모든 성경은 하나님의 감동으로 된 것으로 교훈과 책망과 바르게 함과 의로 교육하기에 유익하니"(디모데후서 3:16).

신명기 6장 4-9절 말씀은 이스라엘 민족의 부모들에게 주신 교육헌장 '쉐마'다. '쉐마'를 구약시대부터 지금까지 4200여 년 동안 철저히 지켜 온 것이 이스라엘 민족의 전통이다. 그들은 하나님께서 자기 민족을 선택하고 명령하신 대로 따랐다. 이스라엘의 부모들은 자녀에게 여호와 하나님 사랑하는 것을 말씀으로 가르쳐 왔다. 말씀으로 양육된 그들의 우수성은 역사가 증명하고, 세계가 입증한다.

이 명령은 단순히 자기 자녀에게만 가르치는데 그치는 명령이 아니었다. 시편을 보면 자자손손 대를 이어가며 가르친 기록이 있다.

"이는 그들로 후대 곧 태어날 자손에게 이를 알게 하고 그들은 일어나 그들의 자손에게 일러서 그들로 그들의 소망을 하나님께 두며 하나님께서 행하신 일을 잊지 아니하고 오직 그의 계명을 지켜서"(시편 78:6-7).

하나님이 하신 말씀을 믿는 것이 하나님을 믿는 것이다. 성경은 예수 그리스도가 길이고 진리이고 생명이시라고 했다(요한복음 14:6). 성경은 관념을 기록한 책이 아니라 실체다. 지식적으로만 성경을 대하면 아는 것이 많아질지 모르지만, 알고도 순종하지 못하는 불순종에서 오는 곤고함과 하나님과의 거리감만 체험하게 된다.

성경 말씀을 암송하고 부모도 함께 날마다 순종하자. 분노(야고보서 1:19-20), 두려움(시편 6:3), 무질서(고린도전서 14:40), 불평(빌립보서 2:14),

어리석음(잠언 22:15), 죄책감(잠언 28:13), 질투(고린도전서 13:4), 교만(베드로전서 5:5-6)같이 혼자 힘으로 해결하기 어려운 성품의 문제들이 고쳐질 것이다. 구원받은 성도는 갓난아기처럼 신령한 젖을 사모하고, 어린이와 청년으로 자라고, 아비가 되라고 하신다(베드로전서 2:2). 그러기 위해 우리에게 필요한 것이 성경이다.

그리스도인 부모는 자녀양육에서 이중성의 함정에 빠지기 쉽다. 입으로는 하나님의 자녀로 키우고, 하나님께 영광을 돌리겠다고 하면서, 실제 자녀에게 보이는 행동은 세상 부모와 구별되기 어려울 때가 많다. 부모가 아무리 좋은 것을 가르쳐도, 먼저 실천하지 않으면 자녀에게 아무 영향을 끼칠 수 없다.

자녀양육의 핵심은 신앙교육, 즉 성경 말씀 교육이다. 성경 암송은 자녀의 마음에 하나님의 뜻과 성경적 가치관을 먼저 품게 하는 강력한 도구다. 자녀의 어리석은 마음과 무질서한 생각과 고집을 꺾을 수 있는 가장 확실한 도구다. 주교양 양육법의 세 번째 원리는 말씀과 기도로 부모가 바로 서서, 실생활에서 말씀과 기도로 자녀를 훈련시키는 일이다.

Think
함께 생각하기

1. 성경을 배우기 위해 정기적으로 참석하는 공부 모임이 있는가?

2. 지금까지 자녀양육에 관한 배움이 있었다면, 실제로 실천하는 부분은 무엇이고 알기만 하고 실천하지 못하는 것은 무엇인지 적어 보자.

3. 성경공부를 하면서 지식적인 충족 자체에만 관심이 있는지, 배운 것을 실천하려는 노력이 있는지 점검해 보자.

4. 가정에서 자녀에게 말씀을 가르치기 위해 노력하는 것이 무엇인지 나눠 보자.

5. 자녀와 함께 성경을 규칙적으로 읽고, 암송하는가? 성경을 읽고 암송한 후에 받은 은혜와 유익에 대해 나눠 보자.

P r a y
기 도 하 기

:: 자녀를 위한 기도

하나님 아버지, _____가 지나치게 유행에 민감한 자녀로 자라지 않게 하시고, 하나님의 말씀에 민감한 자녀로 자라게 도와주세요. 최신 유행의 흐름이 아무리 멋있어 보여도 하나님의 뜻이 아니면 거절할 수 있는 용기와 믿음을 주세요. 세상에서 유행하는 가치관이 세련되어 보여도 속지 않게 해 주세요. 지나친 물질에 대한 소유욕, 음란 동영상, 동성애, 혼전 섹스, 부도덕한 성 관계, 알코올, 흡연, 마약, 그 밖의 여러 가지 유행과 모든 육체의 탐욕으로부터 보호해 주시고 거절할 분별력을 주세요. 예수님의 이름으로 기도합니다. 아멘.

:: 부모를 위한 기도

하나님 아버지, 부모 된 제가 먼저 세상의 유행과 혼란스런 가치관 속에 빠져 있음을 고백합니다. 용서해 주시고, 성경 말씀을 통한 바른 분별력을 생활 속에서 잃지 않게 도와주세요. 자녀에게 말하기 어려운 숨은 부끄러움이나 죄가 있다면 이 시간 결단하며 끊게 하시고 자기합리화로 자신을 먼저 속이는 일에서 벗어나게 해 주세요. 자신을 속이고 하나님을 속인 죄가 자녀에게 대물림되지 않도록, 날마다 모든 악으로부터 지켜 보호해 주세요. "그런즉 근심이 네 마음에서 떠나게 하며 악이 네 몸에서 물러가게 하라"(전도서 11:10)는 말씀을 순종하게 도와주세요. 최신 유행하는 가치관에 민감한 자가 아니라 성경적 분별력을 갖고, 성령 하나님께 민감한 자가 되게 인도해 주세요. 예수님 이름으로 기도합니다. 아멘.

Live 결단·실천하기

하나님, 나는 _____을 실천하기로 결단합니다.

기도 훈련

"너희가 내 이름으로 무엇을 구하든지 내가 행하리니 이는 아버지로 하여금 아들로 말미암아 영광을 받으시게 하려 함이라 내 이름으로 무엇이든지 내게 구하면 내가 행하리라"(요한복음 14:13-14).

"여호와여 아침에 주께서 나의 소리를 들으시리니 아침에 내가 주께 기도하고 바라리이다"(시편 5:3).

"네 마음을 주의 얼굴 앞에 물 쏟듯 할지어다 … 네 어린 자녀들의 생명을 위하여 주를 향하여 손을 들지어다"(예레미야애가 2:19).

그리스도인 부모는 자녀를 위해 기도하는 부모다. 자녀를 위해 기도하는 일은 힘들지만 멋지고 가장 보람된 일이다. 예수님의 이름으로 자녀를 위해 기도하기 시작하면, 자녀가 성장하는 일에 하나님의 동역자가 될 수 있다. 지금 이 순간도 예수님은 나와 나의 자녀를 위해 하나님 우편에 앉으셔서 중보기도를 하고 계신다. "이와 같이 성령도 우리의 연약함을 도우시나니 우리는 마땅히 기도할 바를 알지 못하나 오직 성령이 말할 수 없는 탄식으로 우리를 위하여 친히 간구하시느니라"(로마서 8:26).

우리에게 성자로 잘 알려진 어거스틴(Aurelius Augustine: A.D. 354-430)은 한때 마니교에 빠지고 방탕한 생활을 일삼던 사람이었다. 그러나 그의 어머니 모니카는 포기하지 않고 젊은 날을 허랑방탕하게 살아가는 아들을 위하여 금식하며 기도하고 슬피 울며 간구했다.

그녀는 아들을 구원시키기 위해 암브로스 감독에게 찾아갔다. 그때 암브로스 감독은 모니카에게 이렇게 말했다. "하나님의 때가 있을 것입니다. 어머니의 눈물의 기도가 있는 아들은 결코 망하지 않습니다."

모니카는 "기도의 아들은 망하지 않는다."는 것을 굳게 믿고 십여 년을 하루같이 기도했고 하나님은 그 기도에 응답하셨다. 17년이란 기나긴 세월 동안 기다리며 기도했던 아들의 회심이 드디어 이루어졌다. 만 32세였던 AD 386년에 어거스틴이 드디어 회심하여 세례를 받았다.

훗날, 성자가 된 어거스틴은 "오늘의 제가 있는 것은 모두 어머니의 덕택이라고 나는 믿습니다. 어머니는 한 남편의 아내였고, 부모님께 순종하였으며, 자기 집안을 경건하게 다스렸고, 착한 일을 하여 칭찬을 받았으며, 자식들이 당신의 길에서 떨어져 가는 것을 볼 때는 그들을 출산할 때의 산고를 다시 겪는 괴로움을 몸에 느끼면서 그들을 길러 냈습니다."라고 ≪고백록≫에 기록했다.

그리스도인 부모가 지녀야 할 가장 중요한 자녀양육의 목표는 "하나님의 사람으로 온전하게 하며 모든 선한 일을 행할 능력을 갖추게 하"(디모데후서 3:17)는 것이다. 세계적 명문대학을 나오고, 초특급 일류 직장에 근무하고, 최고급 아파트에 살면서 누구든지 부러워하는 많은 소유를 지닌 자녀로 키우는 것이 목표가 아니다. 반대로 현실에서 벗어나 모든 세속적인 것을 끊고 세상과 분리된 신앙생활을 하는 사람으로 키우는 것도 하나님이 원하시는 바가 아니다.

부모가 기도하는 시간은 내 자녀에게 성령의 도우심이 강력하게 임하시는 순간이다. 위험에 처한 자녀를 보호해 주시고, 어리석은 마음에 얽매여 있는 자녀를 구원해 주시는 시간이다. 부모가 말씀을 믿고 순종하며 간구하는 기도는 더 강력한 힘이 있다. 하나님은 거짓말을 하지 않는 분이시니, 말씀의 약속이 내 자녀에게 그대로 이루어진다. "하나님은 사람이 아니시니 거짓말을 하지 않으시고 인생이 아니시니 후회가 없으시도다 어찌 그 말씀하신 바를 행하지 않으시며 하신 말씀을 실행하지 않으시랴"(민수기 23:19).

자녀를 위해 기도하지 않는다면 부모로서의 직무유기에 해당한다. 자녀와 함께하는 기도는 자녀가 어릴수록 짧게 자주 하는 것이 효과적이다. 온 가족이 가정예배를 통해 기도를 배워 보자. 가족에게 생기는 사소한 일들도 꼼꼼히 기도하는 연습을 해 보자. 가족끼리 중보기도 제목도 나눠 보고 합심기도도 해 보자. 응답받은 기도에 감사하며 하나님을 찬양하자. 자녀와 함께 식사기도를 하고 집을 나서기 전, 잠들기 전, 아침에 일어나자마자 기도하는 것을 습관화해 보자. 어린 자녀와 함께 꾸준히 기도하면, 응답받은 체험과 더불어 10년만 지나도 놀라운 간증이 넘쳐나게 될 것이다. 지금 자녀양육의 짐 때문에 고통스러운가? 그 고통은 기도의 자리로 초대하시는 하나님의 초청장이다.

Think
함께 생각하기

1. 자녀와 함께 구체적이고 규칙적인 기도생활을 하는가? 장기적 목표를 위한 기도, 단기적 목표를 위한 기도제목을 적어 보라.

2. 자녀와 함께한 기도 중에서 자녀가 인상 깊게 응답을 체험한 것이 있다면 나눠 보자.

3. 어려움에 처한 내 자녀의 친구들이나 자녀가 다니는 학교의 발전을 위해 중보기도를 하고 있는가?

4. 어린 자녀와 함께 기도생활을 계속하는 유익한 방법이 무엇인지 생각해 보고, 자신의 경험이 있다면 나눠 보자.

5. 자녀의 성적에 너무 큰 관심을 쏟느라 자녀의 영적 성장을 게을리 한 경험이 있다면 나눠 보자.

6. 지속적인 기도를 방해하는 요인과 극복할 방안에 대해 생각해 보자.

P r a y
기 도 하 기

:: 자녀를 위한 기도

하나님 아버지, _____가 예수님께서 기도하신 것처럼 하나님께 기도하는 습관을 갖게 인도해 주세요. 나의 유익만을 구하는 기도가 아니라, 이웃을 위해 기도하고, 하나님의 음성을 듣는 기도를 하게 도와주세요. 기도 중 자신의 죄를 깨닫고, 하나님의 위로와 경고를 들을 귀를 열어 주세요. 일평생 주님께 기도하는 일을 기뻐하는 자녀가 되게 인도해 주세요. 작은 일에도 기도의 체험이 풍성한 자녀가 되길 간구합니다. 하나님 아버지, _____가 기도를 통해 하나님과 대화하는 즐거움을 누리게 도와주세요. 영적으로 침체되는 어려운 시기가 오기 전에 하나님의 말씀을 묵상하면서 기도하는 습관이 몸에 배게 도와주세요. _____가 사춘기를 통과할 때에도 기도를 쉬지 않도록 보호해 주세요. 예수님의 이름으로 기도합니다. 아멘.

:: 부모를 위한 기도

하나님 아버지, 주님이 원하시는 자녀로 키울 능력이 제게는 없습니다. 저는 주님의 도움이 필요합니다. 저는 100% 죄인이라, 제 자녀에게도 날마다 죄인 된 모습을 보이고 있습니다. 구원의 주님께서 제 가족 모두가 구원에 이르도록, 성경을 읽고 암송하며, 자녀와 함께 구체적이고 세부적인 기도제목으로 기도하는 가정이 되도록 도와주세요. 기도로 주님과 친밀한 삶을 살게 인도해 주세요. 하나님 아버지, 부모 된 제가 먼저 기도 생활의 본을 보이게 도와주세요. 새벽 미명에 기도하신 예수님을 본받아 기도하게 도와주시고, 말씀에 의지해서 기도하게 도와주세요. "너희가 기도할 때에 무엇이든지 믿고 구하는 것은 다 받으리라"(마태복음 21:22)고 약속해 주심을 감사드리며, 예수님의 이름으로 기도합니다. 아멘.

_____ L i v e
하나님, 나는 _____을   결단·실천하기
실천하기로 결단합니다.

4. 자녀를 노엽게 하지 말라

"자녀들아 모든 일에 부모에게 순종하라 이는 주 안에서 기쁘게 하는 것이니라 아비들아 너희 자녀를 노엽게 하지 말지니 낙심할까 함이라"(골로새서 3:20-21).

심리학자 N. 마이어는 실험을 통해 일관성이 자녀양육에 미치는 영향을 잘 보여 주었다. 그는 문이 두 개 달린 '상과 벌을 주는 상자' 안에 실험용 쥐들을 살게 했다. 사각형 문에 들어오면 상으로 먹을 것을 주고, 삼각형 문에 들어오면 벌로 사정없이 때렸다. 반복 학습된 쥐들은 나중에 삼각형 문을 건드리지 않았다.

그것이 익숙해지자 규칙을 바꿨다. 이번에는 반대로 사각형 문에 들어오면 사정없이 때리고, 삼각형 문에 들어오면 오히려 먹이를 준 것이다. 그러자 쥐들은 난폭해지거나 구석에 처박혀 넋이 빠져 있기도 했다. 얼마 지나지 않아 대부분 식욕을 잃고 이상행동을 하다가 한 마리씩 죽기 시작했다. 일관성 없는 환경에 쥐들이 적응할 수 없었음을 실험결과는 잘 보여 주고 있다.

부모가 자녀에게 상과 벌의 기준과 일관성을 상실할 때 아이는 큰 혼란에 빠질 수밖에 없다. 상과 벌의 기준이 없기 때문에 아이들은 양육자의 눈치를 살피게 된다. 양육자의 일관성 없는 상과 벌은 며칠 사이에 털이 빠지고 죽게 된 쥐가 당한 고통보다 더 큰 치명적 상처를 자녀의 마음과 영혼에 남기게 된다. 그러나 일관된 태도와 기준으로 자녀를 대할 때, 자녀들은 안정감을 갖고 부모를 신뢰하며 이웃을 사랑할 수 있는 사람으로 자라 간다.

아이들이 성장하면서 무슨 생각을 하고 어떻게 느끼는지 배려하면서 대처하는 것은 어른들의 의무다. 성경은 자녀를 노엽게 하지 말라는 명령으로 어른 된 부모가 잊지 말아야 할 의무를 가르친다. 그리스도인 부모는 "자녀를 노엽게 하지 말고 오직 주의 교훈과 훈계로 양육"(에베소서 6:4)해야 한다. 성경에서 부모에게 명하시는 '노엽게(격노케)' 한다는 말은, '그네 밀어주기'에서 나왔다. 그네를 밀어줄 때 그네에 탄 사람은 밀어주는 사람의 태도를 예측하고, 예측한 대로 속도와 높낮이가 일관성이 있을 때 안심한다. 자녀들도 부모의 행동이 예측 가능할 때 안정감을 느낀다.

또한 자녀들은 부모가 이중 기준을 갖고 있을 때 노엽게 된다. 부모의 말과 행동이 위선적일 때 자녀들은 엇나가고 불순종한다. 조급하고 원칙이 없으면 일관성을 잃기 쉽다. 부모가 상황에 따라 말과 행동을 바꾸면, 자녀는 혼란스럽다.

하나님의 자녀로 키우고 하나님께 영광을 돌린다고 하면서, 실제 행동은 세상 부모와 구별되기가 어렵게 하는 건 믿음의 부모가 특히 조심해야 할 일이다. 입으로는 하나님을 믿는 게 최우선이라고 말하면서, 주일에 학원 안 가고 교회 가는 걸 야단치는 이율배반적 부모가 되지 말자. 교회 안에서의 행동과 집에서의 행동, 또는 말과 행동을 다르게 하여 어린 자녀를 헷갈리게 하지 말자. 그럴 때 아이들은 화가 난다.

자녀에게 믿음이 최고라고 말하면서도 삶에서는 돈과 성공이 최고인 것처럼 행동하는 게 이중 메시지다. 그런데 부모는 자녀에게 속아도, 자녀들은 부모에게 속지 않는다.

주교양 양육법의 네 번째 원리는, 부모가 하나님의 기준을 붙잡고 자녀에게 믿음과 생활의 본이 되면서 자녀를 노엽게 하지 않는 일이다.

Think
함께 생각하기

1. 자신의 부모에게 양육받았던 어린 시절에 가장 화났던 기억과 가장 기뻤던 기억은 무엇인가?

2. 어린 시절에 자신의 부모에게 가장 바랐던 태도는 무엇인가?

3. 자녀 입장에서 생각해 보고, 자신이 자녀를 노엽게 한 경험을 나눠 보자. 그룹원과 함께 역할극을 해 보는 것도 도움이 된다.

4. 자녀와 했던 약속 중에서 지키지 못한 것이 있다면 생각나는 대로 적고, 앞으로 그 약속을 어떻게 이룰 것인지 구체적 계획을 세워 보자.

Pray
기 도 하 기

:: 자녀를 위한 기도

하나님 아버지, _____에게 성령의 9가지 열매(사랑, 기쁨, 평화, 인내, 친절, 선함, 신실, 온유, 절제. 갈라디아서 5:22-23)가 어려서부터 심겨지게 하시고, 열매 맺게 해 주세요. 주님의 일관된 말씀이 내 자녀 _____에게 심겨지길 소원합니다. _____가 어려서부터 말과 행동이 일치되는 사람으로 자라게 도와주세요. 행함이 있는 믿음 생활을 하게 하시고, 암송한 말씀들을 생활 속에 순종하는 믿음을 주세요. 예수님의 이름으로 기도합니다. 아멘.

:: 부모를 위한 기도

하나님 아버지, 자녀를 노엽게 하지 말고 주의 교양과 훈계로 양육하라고 하셨는데, 제가 불순종했습니다. 용서해 주시고, 지혜와 일관성 있는 태도를 훈련시켜 주세요. 이제부터는 주의 교양과 훈계로 힘써 가르치게 하셔서 제 자녀 _____가 예측할 수 있는 부모가 되게 도와주세요. 제 안에 있는 육체의 행실을 먼저 버리게 도와주세요. "음행과 더러움과 방탕과 우상 숭배와 마술과 원수맺음과 다툼과 시기와 분노와 이기심과 분열과 분파와 질투와 술 취함과 흥청거리는 연회와, 또 이와 비슷한 것들입니다. 내가 전에도 여러분에게 경고하였지만, 이제 또다시 경고합니다. 이런 일을 하는 사람들은 하나님의 나라를 유업으로 받지 못할 것입니다." (갈라디아서 5:19-21, 표준새번역)라는 하나님의 말씀을 잊지 말고 육체의 일을 버려 성령님의 일을 행하게 도와주세요. 예수님의 이름으로 기도합니다. 아멘.

Live
결단·실천하기

하나님, 나는 _____을 실천하기로 결단합니다.

5. 험담과 거짓을 버리라

험담을 버리라

"너희는 도둑질하지 말며 속이지 말며 서로 거짓말하지 말며"(레위기 19:11).

"비판을 받지 아니하려거든 비판하지 말라 너희가 비판하는 그 비판으로 너희가 비판을 받을 것이요 너희가 헤아리는 그 헤아림으로 너희가 헤아림을 받을 것이라"(마태복음 7:1-2).

"그런즉 거짓을 버리고 각각 그 이웃과 더불어 참된 것을 말하라 이는 우리가 서로 지체가 됨이라"(에베소서 4:25).

"이는 네 속에 거짓이 없는 믿음이 있음을 생각함이라 이 믿음은 먼저 네 외조모 로이스와 네 어머니 유니게 속에 있더니 네 속에도 있는 줄을 확신하노라"(디모데후서 1:5).

"그를 아노라 하고 그의 계명을 지키지 아니하는 자는 거짓말하는 자요 진리가 그 속에 있지 아니하되"(요한일서 2:4).

나는 아이를 낳으면서 그리스도인 어머니는 어떻게 살아야 하고, 자녀에게 무엇을 가르쳐야 하는지 알지 못해서 마음에 큰 부담을 안고 있었다. 나의 궁금증을 알고 계신 하나님은 내가 다니던 한신교회의 고(故) 이중표 목사님을 통해 자녀양육의 소중한 지침을 알려 주셨다. 내 아들이 두세 살 무렵의 어린이주일 설교를 통해서였다. 하나님이 주신 기업인 자녀를 하나님의 뜻대로 어떻게 키워야 하는지, 그리스도인 어머니는 어떻게 가정생활을 해야 하는지, 어머니로서 꼭 해야 할 일과 절대 해서는 안 될 일들을 말씀해 주셨다. 내가 평생에 두고두고 잊지 못할, 귀가 번쩍 뜨이는 설교였다. 나무에 깊이 잘 박힌 못처럼 그 말씀이 내 마음속에 그대로 꽂히는 경험을 했다.

지금도 생생하게 기억하는 설교 말씀을 그날 이후 실생활에서 그대로 순종하며 지금까지도 지키고 있다. 자녀가 어릴 때부터 권위에 순종하고 부모를 공경하는 자녀로 자라게 하기 위해서였다. 그리스도인 아내와 어머니로서 절대 해서는 안 될 일 세 가지는 다음과 같았다.

첫째, 자녀 앞에서 남편과 시댁 식구의 험담을 절대로 하지 말라. (자녀가 건강한 자아정체감을 갖고 인격이 성장하게 하기 위해서)

둘째, 자녀 앞에서 다니는 교회의 목사님과 교회의 험담을 절대 하지 말라. (자녀가 하나님의 자녀로 거듭나고 예수님의 장성한 분량에 이르는 믿음을 갖도록 돕기 위해서)

셋째, 자녀를 가르치는 선생님과 학교의 험담을 절대 하지 말라. (자녀가 학교를 즐거워하고 배우기를 기뻐하는 학생으로 인도받아 영향력을 끼치는 인물로 성장하게 하기 위해서)

하나님께 나의 연약함을 고백하니, 성령님은 이와 같은 상황을 만날 때마다, 지켜야 할 원칙과 말씀을 생각나게 해 주셨다.

물론 처음에는 이 말씀대로 순종하는 일이 쉽지 않았다. 그러나 "비판을 받지 아니하려거든 비판하지 말라"(마태복음 7:1)는 말씀을 붙잡고 기도하며 하나님의 도우심을 구했다. 결심하고, 실패하고, 회개하고, 간구하는 일을 반복하면서 몇 년이 지나자, 다른 사람의 허물이 보이면 같은 허물이 나에게 있는 것이 먼저 보이기 시작했다. 말씀과 기도는 그리스도인에게 허락하신 가장 강력한 은혜의 통로다.

아무리 좋은 것을 많이 알아도 지키지 않으면 아무 소용이 없다. 교통법규도 단순히 아는 것과 지키는 것은 생명이 왔다 갔다 하는 기준이 된다. 운전면허시험에서 만점을 받아도, 교통법규를 지키지 않고 방심하면 목숨을 잃는 사고를 당하게 된다. 하나님 말씀도 영육간의 생명과 삶의 열매를 결정되게 하는 규칙이다. 하나님이 주신 규칙도 지키느냐 무시하느냐는 언제나 본인의 선택이다.

Think
함께 생각하기

1. 자녀 앞에서 습관적으로 시부모나 선생님의 험담을 하고 있지 않은가?

2. 자녀의 실수나 허물을 보았을 때, 남편이나 시부모와 닮은 점을 연결해서 자녀를 억울하게 한 적은 없는가?

3. 그리스도인이 다른 사람을 대할 때 가져야 할 기본 자세는 무엇인가?

　"아무 일에든지 _____이나 허영으로 하지 말고 오직 _____ 마음으로 각각 자기보다 남을 _____ 여기고 각각 자기 일을 돌볼뿐더러 또한 각각 다른 사람들의 일을 돌보아 나의 기쁨을 충만하게 하라" (빌립보서 2:3-4).

　"어찌하여 형제의 눈 속에 있는 티는 보고 네 눈 속에 있는 _____는 깨닫지 못하느냐" (누가복음 6:41).

P r a y
기 도 하 기

:: 자녀를 위한 기도

하나님 아버지, _____가 일평생 험담하는 자리에서 피할 수 있는 지혜를 주세요. _____가 어떤 일을 하든지 다툼으로나 허영으로 하지 말고 오직 겸손한 마음으로 자기보다 남을 낫게 여기는 삶을 살게 인도해 주세요. _____가 다른 사람의 허물을 보고 험담하는 사람이 아니라, 자신의 허물을 주님께 고하고 나쁜 태도를 바꾸고 인격이 성숙해 가는 사람이 되는 은혜를 주세요. _____가 "입과 혀를 지키는 자는 자기의 영혼을 환난에서 보전하느니라"(잠언 21:23)는 약속의 말씀을 믿고, 언어생활에서도 하나님이 기뻐하시는 자녀가 되게 해 주세요. 예수님의 이름으로 기도합니다. 아멘.

:: 부모를 위한 기도

하나님 아버지, 자녀 앞에서 제가 먼저 나보다 다른 사람을 낮게 여기며 겸손한 삶을 살게 도와주세요. 무슨 일을 하든지 다툼으로나 허영으로 하지 말게 도와주세요. 제가 먼저 부모를 공경하는 본이 되게 해 주세요. 제 입술에서 배우자나 그 부모의 험담이 나오려고 할 때마다 파수꾼을 세워 주셔서, 제 자녀가 조부모를 공경할 수 있도록 도와주세요. 또한 제가 선생님이나 다른 이웃들의 험담을 일삼는 일이 없도록 도와주세요. 제가 알고 있는 죄와 하나님만 아시는 우리 가문의 죄까지도

낱낱이 주님께 고백하고 용서받기를 원하오니, 그 죄의 열매가 자녀에게 도달하지 않도록 막아 주세요. 모든 사람을 만날 때마다 마음속으로부터 감사하고, 칭찬하는 입술이 되도록 인도해 주세요. 예수님의 이름으로 기도합니다. 아멘.

Live
결단·실천하기

하나님, 나는 _____ 을 실천하기로 결단합니다.

거짓을 버리라

"네 혀를 악에서 금하며 네 입술을 거짓말에서 금할지어다" (시편 34:13).
"거짓을 행하는 자는 내 집 안에 거주하지 못하며 거짓말하는 자는 내 목전에 서지 못하리로다" (시편 101:7).
"여호와를 경외하는 것은 악을 미워하는 것이라 나는 교만과 거만과 악한 행실과 패역한 입을 미워하느니라" (잠언 8:13).

"아이들이 만나는 최초의 거짓말하는 모델은 부모다."라는 게 교육학자들의 주장이다. 성경은 하나님과 분리되는 순간부터 우리가 본래 거짓의 아비에게서 난 거짓의 자녀라고 가르쳐 준다. 나도 악하고 자녀도 악한 게 우리들 본래의 모습이다.

거짓말과 핑계는 서로 닮아 있다. 거짓의 영이 있으면 자신을 정직하게 보는 눈도 감기게 마련이다. 모든 거짓말은 반드시 대가를 치르게 돼 있다. 사탄은 거짓의 아비다. 특히나 거짓된 사람을 사용하기 좋아한다. 거짓도 습관이다. 있는 사실 그대로를 말하자. 아이들은 부모가 언제 어떤 거짓말을 하는지 대부분 알아차린다.

연구에 따르면, '피노키오 신드롬(Pinocchio Syndrome)'이라는 게 있다. 성인이 거짓말을 반복함으로써 더 이상 그의 삶에 진실이란 것이 없어지는 일종의 질병이다. 사람은 남을 속이려면 먼저 자기 자신부터 속인다. 거짓말의 유혹이 얼마나 매혹적인지 모른다. 핑계와 거짓말은 자기 합리화의 과정에서도 시작된다. 문제는 거짓말 불감증이 교육되고 대물림된다는 사실이다.

거짓말을 즐겨 하는 사람과 진리를 기뻐하는 사람이 함께 있으면 서로 불편하다. 진리의 근원과 거짓의 근원이 전혀 다르기 때문이다. 빛과 어두움이 함께 있을 수 없는 이치와 같다. 우리가 거듭해서 불의의 병기로 쓰이면 하나님 나라를 유업으로 받지 못한다. "육체의 일은 분명하니 곧 음행과 더러운 것과 호색과 우상숭배와 주술과 원수 맺는 것과 분쟁과 시기와 분냄과 당 짓는 것과 분열함과 이단과 투기와 술 취함과 방탕함과 또 그와 같은 것들이라 전에 너희에게 경계한 것같이 경계하노니 이런 일을 하는 자들은 하나님의 나라를 유업으로 받지 못할 것이요"(갈라디아서 5:19-21).

많은 부모들은 자신을 정직하게 보지 못하고 문제의 원인을 다른 데서만 찾으려 한다. 그래서 대부분 자신은 잘했는데, 배우자나 자녀가 문제라고 말하기 쉽다. 나는 잘못한 것이 없고 다른 사람들이 잘못했다고 지적하게 된다. 그러나 원인이 다른 데서 발생했어도 먼저 나를 돌아보는 일이 문제 해결의 지름길이다. 예수님도 내 눈 속의 들보를 먼저 보라고 하셨다. 정직해야 문제가 해결된다.

사람들은 상황에 따라 말을 살짝 바꾸는 것을 거짓말이라고 여기지 않는다. 상황에 따라 선의의 거짓말이란 게 있다고 생각한다. 그러나 선의의 거짓말도 뿌리는 거짓이다. 하나님의 말씀만이 우리를 투명하고 단순한 삶으로 인도하신다.

내 자녀가 정말 하나님의 사람으로 쓰임 받길 원한다면, 부모의 거짓말은 가장 먼저 제거해야 할 일이다. 거짓말하는 아이들은 공부를 잘하기도 정말 어렵다. 선생님 말씀도 듣기 싫어한다. 거짓말하는 아이들이 공부를 잘하고 여러 가지 능력을 갖추면 그건 재앙이다. 큰일 난다. 불순종과 거짓말이 때로 매우 세련되어 보여도, 실상은 모든 사람들이 날마다 평생 싸워야 할 대상이다. 하나님은 정직한 사람을 찾아서 일하신다. 주교양 양육법의 다섯 번째 원리는, 부모와 자녀가 모두 험담과 거짓을 버리는 일이다.

Think
함께 생각하기

1. 우리 가정에서 일어나는 습관적인 거짓말은 무엇인가?

2. 어린 시절에 부모의 거짓말을 보았던 경험이 나에게 미쳤던 영향에 대해 나눠 보자.

3. 하나님이 현재 나와 내 자녀의 삶에서 끊기를 원하시는 거짓은 무엇인가?

4. 내가 먼저 나 자신을 속이고 타인을 속인 일을 가르쳐 달라고 성령님께 기도하고, 반복된 거짓의 습성을 끊기를 결단하자. 자기합리화의 유혹을 벗겨 달라고 간구하라.

Pray
기 도 하 기

:: 자녀를 위한 기도

하나님 아버지, _____를 거짓에서 구원하여 주세요. _____가 순간적으로 모면하려는 거짓된 언어 습관을 고쳐 주세요. _____가 거짓말을 하고 거짓된 행동을 하면 마음이 크게 불편하게 해 주시고, 회개할 수 있는 능력을 주세요. _____가 진리를 기뻐하고 불의를 싫어하는 성품이 되게 하시고, 날마다 성령의 열매가 _____의 생활 속에 자라나게 해 주세요. 예수님의 이름으로 기도합니다. 아멘.

:: 부모를 위한 기도

하나님 아버지, 지금까지 지은 죄를 고백할 때 동이 서에서 먼 것같이 옮겨 주시고 용서해 주심을 감사합니다. 저의 죄가 양털같이 희게 하심도 감사드립니다. 그러나 새로운 피조물로 살기로 결단하고도 거짓을 버리지 않음을 용서해 주시고, 부모와 자녀의 거짓말을 크게 들통 나게 해 주셔서 습관화되지 않게 보호해 주세요. 가족 모두가 순간적인 거짓의 유혹에서 반드시 벗어나게 하시고, 있는 사실 그대로 말하는 게 습관이 되게 해 주세요. 죄에 대해서는 미련한 자가 되게 해 주세요. 선한 일에 부지런한 자가 되게 인도해 주세요. 예수님의 이름으로 기도합니다. 아멘.

Live
결단·실천하기

하나님, 나는 _____을
실천하기로 결단합니다.

6. 어려서 좋은 길을 가르치라

"마땅히 행할 길을 아이에게 가르치라 그리하면 늙어도 그것을 떠나지 아니하리라" (잠언 22:6).
"예수께서 대답하시되 첫째는 이것이니 이스라엘아 들으라 주 곧 우리 하나님은 유일한 주시라 네 마음을 다하고 목숨을 다하고 뜻을 다하고 힘을 다하여 주 너의 하나님을 사랑하라 하신 것이요 둘째는 이것이니 네 이웃을 네 자신과 같이 사랑하라 하신 것이라 이보다 더 큰 계명이 없느니라" (마가복음 12:29-31).
"그러므로 형제들아 내가 하나님의 모든 자비하심으로 너희를 권하노니 너희 몸을 하나님이 기뻐하시는 거룩한 산 제물로 드리라 이는 너희가 드릴 영적 예배니라" (로마서 12:1).

어느 옥수수를 키우는 농부가 있었다. 그 농부의 소원은 이 세상에서 가장 튼실하고 품질이 우수한 옥수수를 재배하는 일이었다. 가장 튼튼한 종자를 모아 두었다가 이듬해면 소망을 갖고 씨를 뿌렸다. 그런데 해마다 수확할 때면 예상치 못한 결과가 나왔다. 가장 좋은 품종의 옥수수 종자만 골라서 심었는데도 이상하게 부실한 옥수수가 함께 수확되는 것이다.

옥수수 주인은 마침내 그 이유를 알게 되었다. 자기 밭에만 아무리 좋은 품종을 심어도 꽃가루받이 때가 되면 이웃 밭에서

날아든 부실한 품종의 꽃가루 때문에 자기 옥수수도 부실한 품종이 생기게 되었던 것이다. 그 주인은 이듬해부터는 좋은 품종의 옥수수 종자를 이웃의 옥수수밭 주인들에게도 나눠 주기 시작했다. 자기 밭에만 좋은 종자를 심었을 때는 부실한 옥수수도 함께 결실을 맺었는데, 이웃들까지 모두 좋은 종자를 나눠 준 뒤로는 그 동네 옥수수 밭에서는 모든 옥수수가 우수한 품종으로 결실을 맺었다.

옥수수처럼 우리 자녀들도 서로에게 영향을 주고받으며 자라는 존재다. 내 자녀를 아무리 성공적으로 키웠다 할지라도, 내 자녀의 친구들이 병들어 가면 언젠가는 내 자녀도 병들기 쉽다. 직장 엄마를 가진 내 자녀의 친구가 있다면, 학원도 알아봐 주고 방과 후의 간식도 챙겨 줘 보라. 옥수수 밭의 주인처럼 결국에는 내 자녀가 하나님의 복을 받는 것을 체험할 것이다. 자신은 직장 엄마인데 자녀의 친구 엄마가 전업 엄마라면, 자신의 직업에서만 알 수 있는 일들을 겸손한 마음으로 공유해 보라. 자신이 유능한 직장인임을 내세우며 잘난 척만 하지 않는다면, 얼마든지 전업 엄마들의 마음과 가정이 열릴 것이다. 문제는 얼마나 상대방을 배려하고 존중하는가에 달렸다.

내 자녀를 잘 키우고 싶으면 다른 가정의 자녀도 기도로 섬기고 사랑으로 돌볼 수 있어야 한다. 이웃 사랑의 실천은 희생이 있어야 하는 거룩한 산 제사의 과정이다. 이기적이고 자신만을 사랑하라고 부추기는 시대에 남을 사랑하기는, 예수님이 부어 주시는 사랑이 아니면 할 수 없다. 하나님을 사랑하는 사람은 섬기기 힘든 이웃도 사랑할 힘이 생긴다. 먼 곳의 이웃을 돌보는 특별한 사명을 받은 사람도 있지만, 대부분의 사람들에게는 가까운 이웃을 섬겨야 할 사명이 있다. 예수님은 우리에게 강도 만난 자의 이웃이 되었던 사마리아 사람처럼 이웃에게 자비를 베푸는 사람이 되라고 하신다.

"예수께서 대답하여 이르시되 어떤 사람이 예루살렘에서 여리고로 내려가다가 강도를 만나매 강도들이 그 옷을 벗기고 때려 거의 죽은 것을 버리고 갔더라 마침 한 제사장이 그 길로 내려가다가 그를 보고 피하여 지나가고 또 이와 같이 한 레위인도 그 곳에 이르러 그를 보고 피하여 지나가되 어떤 사마리아 사람은 여행하는 중 거기 이르러 그를 보고 불쌍히 여겨 가까이 가서 기름과 포도주를 그 상처에 붓고 싸매고 자기 짐승에 태워 주막으로 데리고 가서 돌보아 주니라 그 이튿날 그가 주막 주인에게 데나리온 둘을 내어 주며 이르되 이 사람을 돌보아 주라 비용이 더 들면 내가 돌아올 때에 갚으리라 하였으니 네 생각에는 이 세 사람 중에 누가 강도 만난 자의 이웃이 되겠느냐 이르되 자비를 베푼 자니이다 예수께서 이르시되 가서 너도 이와 같이 하라 하시니라" (누가복음 10:30-37).

주교양 양육법의 여섯 번째 원리는 자녀에게 어려서부터 좋은 습관을 심어 주고 이웃 사랑을 실천하는 좋은 길을 가르치는 것이다.

Think
함께 생각하기

1. 신앙생활과 가정생활에서 생각, 말, 행동이 심하게 불일치하는 영역을 찾아보라. 생각이 나지 않는다면 성령님께 깨닫게 해 달라고 간구하라.

2. 지금 주변에 도움이 필요한 자녀의 친구가 있다면 실제적으로 도움을 줄 수 있는 방법을 자녀와 찾아보자.

3. 내 자녀와 그 친구들의 영적 문제를 위해 진지하게 기도하고 있는가? 자녀의 믿음이 자라지 않는 원인이 어디에 있는지 살펴보자.

Pray
기도하기

:: 자녀를 위한 기도

하나님 아버지, _____의 마음과 생활환경이 하나님의 통치를 받기 원합니다. 두려움, 분노, 낙심, 악함, 반항, 더러움이 _____의 생각과 말과 행동에 영향력을 미치지 않게 해 주시고, 하나님의 사랑과 평화와 기쁨과 온유와 겸손과 순종을 기뻐하는 마음이 되게 인도해 주세요. 이기적인 아이가 아니라, 이웃을 사랑하고 실천하는 거룩한 산 제사를 드릴 능력을 갖춘 자녀가 되게 해 주세요. 예수님의 이름으로 기도합니다. 아멘.

:: 부모를 위한 기도
하나님 아버지, 제가 이기적이고 불순종하고 죄를 기뻐했습니다. 용서해 주시고, 이 시간 자녀의 친구를 위해 먼저 기도하게 해 주세요. 영혼 구원을 위해 기도하고 사랑의 수고를 할 수 있는 넓은 마음을 주시고, 경쟁심과 비교하는 마음을 버리게 하시고, 그 대신 섬김의 본을 보이게 해 주세요.
저 스스로는 사랑하고 섬길 능력이 없으니, 성령님이 제가 할 수 있는 부분을 알게 가르쳐 주시고 실천할 힘을 주세요. 자녀 양육에서 내 자녀만 잘되게 하려는 이기심을 버리게 해 주시고, 자녀의 친구들도 진심으로 사랑하고 성경적으로 도울 지혜를 부어 주세요. 예수님의 이름으로 기도합니다. 아멘.

Live
결단·실천하기

하나님, 나는 _____을 실천하기로 결단합니다.

7. 부모의 사명을 선언하라

"보라 자식들은 여호와의 기업이요 태의 열매는 그의 상급이로다" (시편 127:3).

"그의 부모가 해마다 유월절이 되면 예루살렘으로 가더니"(누가복음 2:41).

"믿음으로 모세가 났을 때에 그 부모가 아름다운 아이임을 보고 석 달 동안 숨겨 왕의 명령을 무서워하지 아니하였으며"(히브리서 11:23).

"이는 그들로 후대 곧 태어날 자손에게 이를 알게 하고 그들은 일어나 그들의 자손에게 일러서 그들로 그들의 소망을 하나님께 두며 하나님께서 행하신 일을 잊지 아니하고 오직 그의 계명을 지켜서 그들의 조상들 곧 완고하고 패역하여 그들의 마음이 정직하지 못하며 그 심령이 하나님께 충성하지 아니하는 세대와 같이 되지 아니하게 하려 하심이로다" (시편 78:6-8).

자녀양육은 하나님이 부모에게 명령하신 역사적 사명이다. 부모는 "그들의 자손에게 숨기지 아니하고 여호와의 영예와 그의 능력과 그가 행하신 기이한 사적을 후대에"(시편 78:4) 전하는 사명을 하나님께 받았다. 우리는 그리스도인 부모로서, 하나님이 임명해 주신 '프로 엄마'이며 '프로 아빠'다. 직장에서 일할 때도 우리는 프로 직장인이 되어야 하는데, 하물며 한 사람을 키워 내는 '엄마', '아빠'라는 소중한 일은 진정한 프로 정신과 책임감으로 임해야 한다.

'엄마', '아빠'는 자녀를 양육하는 일에 하나님의 동역자다. 누가 알아주거나 인정해 주지 않을지라도, 평범하고 일상적인 엄마의 역할을 하나님은 가장 귀히 여기신다. "그의 자식들은 일어나 감사하며 그의 남편은 칭찬하기를…오직 여호와를 경외하는 여자는 칭찬을 받을 것이라"(잠언 31:28, 30). 양육하고 돌보고 기르고 보호하시는 하나님의 모습은 어머니와 같다. "여인이 어찌 그 젖 먹는 자식을 잊겠으며 자기 태에서 난 아들을 긍휼히 여기지 않겠느냐 그들은 혹시 잊을지라도 나는 너를 잊지 아니할 것이라"(이사야 49:15).

세상 가정에서는 돈 버는 기계로 전락했을지라도 '아빠'는 하나님이 세워 주신 '가정의 최고 경영자(CEO)'다. 성경 속 아버지의 역할 모델은 하나님이시다. 하나님이 우리에게 일용할 양식을 공급하시듯, 한 가정의 아버지는 가족들의 일용할 양식을 공급해야 한다(마태복음 7:10-11). 또한 아버지는 가족을 보호해야 한다(시편 23:3-4). 아버지는 가족을 푸른 초장에 눕게 하고 쉴만한 물가로 인도해 주는 목자의 역할을 한다(시편 23:1-2). 아버지는 하나님의 형상을 닮도록 자녀를 교육하라는 명령을 받은 교육자다(신명기 6:1-2).

우린 이미 가슴 뛰는 일을 시작한 '프로 엄마', '프로 아빠'
다. 다만 이 땅의 많은 부모들이 지금 가슴이 뛰지 않는 이유
는 내 아이가 너무 건강하고, 너무 안전하고, 너무 평범하게
잘 지내기 때문은 아닐지 조심스레 질문해 본다. 어쩌면 그 반
대로 삶의 고통이 너무 커서 부모로서의 부르심에 가슴이 뛰
지 않는지도 모른다. 이 땅의 부모들이 자꾸 무기력하고 초라
하게 느껴지는 건 바삐 돌아가는 세상 문화 속에 '엄마', '아
빠'라는 이름이 왜곡되었기 때문이다.

우리는 하나님이 보시기에 가장 믿을 수 있어서 내 아이의 생
명을 맡게 된 '부모'다. 하나님이 기대하고 인정하시는 '부
모'다. 절대로 정년도 없고 그 누구로부터 월급도 받지 않는
'부모'다. 너무 가치가 귀해서 세상의 월급으로는 환산이 불
가능한 일을 하는 '부모'다. '엄마'는 생명을 유업으로 받을
자를 주의 교양과 훈계로 양육하는 귀한 일을 하는 전문직 여
성이고, '아빠'는 자녀가 하나님의 형상을 닮도록 교육하는 명
령을 받은 교육자다(신명기 6:1-2). 자녀를 선물로 받은 우리는 하
나님이 주시는 상급을 받게 될 소중한 사명을 지닌 '프로 부
모'다. 주교양 양육법의 일곱 번째 원리는, 부모 자신이 부모
로서의 정체성을 회복하고 부모의 사명을 선언하는 일이다.
자녀양육은 하나님이 위임하신 역사적 사명이다.

Think
함께 생각하기

1. 우리 부부가 갖고 있는 부모로서의 정체성은 무엇인가?

   (신명기 6:1-2, 시편 127:3)

2. 내가 전업 엄마라면, 전업 엄마로서의 왜곡된 자아상과 갈등은 무엇인가? 또는 내가 직장 엄마라면, 직장 엄마로서 절대 시간이 부족하다는 불안감과 갈등을 어떻게 극복하고 있는가?

3. 하나님이 부모에게 주신 사명은 무엇인가?

   (시편 78:4, 잠언 22:6, 에베소서 6:4)

P r a y
기 도 하 기

:: 자녀를 위한 기도

하나님 아버지, _____가 결혼 적령기가 되면 믿음의 배우자를 만나게 해 주세요. 하나님이 계획하신 가정을 소중히 알게 하셔서, 미래에 만날 자신의 배우자와 자녀를 위해 헌신하고 기도할 수 있게 해 주세요. 어린 자녀가 성장할 동안 가정에서 행복한 경험을 많이 갖게 도와주시고, 성인이 되면 하나님이 명하신 자녀양육의 사명과 기쁨을 발견하고 힘써 순종하는 자녀로 자라게 도와주세요. 예수님의 이름으로 기도합니다. 아멘.

:: 부모를 위한 기도

하나님 아버지, 부모 되는 준비를 자녀의 나이에 맞게 하나님의 뜻대로 적절히 하지 못한 무지와 게으름을 용서해 주세요. 하나님이 허락하신 아버지, 어머니로서의 정체성을 갖지 못하고 의기소침했던 연약함을 용서해 주세요. '주의 교양과 훈계'로 양육하지 못하고, 자주 바뀌는 세상의 교육 방법을 따라다닌 것을 용서해 주세요. 자녀가 불순종할 때 그게 하나님이 보시는 제 모습인 걸 깨닫게 도와주세요. 이제부터 결단하오니 하나님의 은혜를 베풀어 주셔서, 내 자녀의 나이가 몇 살이든 다시금 힘을 내서 하나님의 뜻대로 자녀를 양육하는 부모가 되게 해 주세요. 심은 대로 거두는 기쁨을 소망하며, 예수님의 이름으로 기도합니다. 아멘.

결단·실천하기 — Live

하나님, 나는 _____을
실천하기로 결단합니다.

PART 3

성경 속의 12가정에서 배우는 주교양 양육법

1. 아담과 하와의 가정
2. 아브라함의 가정
3. 엘리 제사장의 가정
4. 사무엘을 낳은 엘가나와 한나의 가정
5. 노아의 가정
6. 모세를 낳은 아므람과 요게벳의 가정
7. 욥의 가정
8. 여호수아의 가정
9. 고넬료의 가정
10. 루디아의 가정
11. 빌립보 간수의 가정
12. 디모데를 낳은 유니게 가정

그리스도인 부모로서 이 세상에 살면서 자녀양육은 여간 고민되는 일이 아닐 수 없다. 세상은 서로가 서로를 부추기며 경쟁적으로 자녀에게 부자가 되어야 하고 출세해야 한다고 강요하지만, 하나님은 그런 말씀을 한 적이 없으시다. 하나님은 믿음의 자녀들이 구체적으로 어떤 삶을 살기 원하시는 것일까? 하나님이 명하신 자녀양육의 궁극적 목적은 무엇일까?

나는 그리스도인 부모가 되면서, 믿음이 좋다는 것이 무엇을 의미하는지, 무엇을 가르치며 어떻게 살아야 하는지 오래도록 큰 혼란을 겪어 왔다. 학교를 보내기 시작하면 부모들의 관심은 온통 아이의 시험점수에 쏠린다. 학교 안에는 믿음이 없어도 공부를 아주 탁월하게 잘하는 아이가 있는가 하면, 몇 대째 믿음의 자손이어도 공부를 별로 하지 않고 게다가 믿음까지 잃어버린 아이들이 있는 게 현실이다. 그 이유가 무엇인지, 하나님이 자녀양육을 통해 원하시는 뜻이 무엇인지 성경 속의 열두 가정을 모델로 생각하고 내 가정의 모습을 살펴보자.

당장 공부를 못해도, 몸이 건강하지 못해도, 외모가 마음에 안 들어도, 습관과 성격이 나빠도, 하나님이 우리에게 허락하신 자녀는 내 자녀이기 이전에 이 세상에 단 하나밖에 없는 소중한 하나님의 자녀다. 부모는 그 자녀를 맡은 청지기일 뿐이다.

세상의 기준으로 내 자녀를 평가하기 전에 하나님의 기준을 보고 배우면, 하나님의 계획이 내 자녀에게 임하는 순간들을 체험하는 감격을 누릴 것이다.

성경 속의 열두 가정을 살펴보면서 주교양 양육법의 원리를 말씀으로 묵상하자. 하나님께서 우리 가정에 원하시는 계획을 발견해 보자. 깨달은 것과 받은 은혜를 우리의 가정에 실제적으로 적용해 보자. 자신이 상상도 못했던 믿음의 명품 가정이 탄생할 것이다. 21세기에도 여전히 자녀양육을 통해 이루기 원하시는 하나님의 뜻은 성경에 잘 나타나 있다. 문제는 믿음과 실천이다.

1. 아담과 하와의 가정

"여호와 하나님이 이르시되 사람이 혼자 사는 것이 좋지 아니하니 내가 그를 위하여 돕는 배필을 지으리라 하시니라 여호와 하나님이 흙으로 각종 들짐승과 공중의 각종 새를 지으시고 아담이 무엇이라고 부르나 보시려고 그것들을 그에게로 이끌어 가시니 아담이 각 생물을 부르는 것이 곧 그 이름이 되었더라

아담이 모든 가축과 공중의 새와 들의 모든 짐승에게 이름을 주니라 아담이 돕는 배필이 없으므로 여호와 하나님이 아담을 깊이 잠들게 하시니 잠들매 그가 그 갈빗대 하나를 취하고 살로 대신 채우시고 여호와 하나님이 아담에게서 취하신 그 갈빗대로 여자를 만드시고 그를 아담에게로 이끌어 오시니

아담이 이르되 이는 내 뼈 중의 뼈요 살 중의 살이라 이것을 남자에게서 취하였은즉 여자라 부르리라 하니라 이러므로 남자가 부모를 떠나 그의 아내와 합하여 둘이 한 몸을 이룰지로다 아담과 그의 아내 두 사람이 벌거벗었으나 부끄러워하지 아니하니라" (창세기 2:18-25).

"뱀이 여자에게 물어 이르되 하나님이 참으로 너희에게 동산 모든 나무의 열매를 먹지 말라 하시더냐 … 뱀이 여자에게 이르되 너희가 결코 죽지 아니하리라 너희가 그것을 먹는 날에는 너희 눈이 밝아져 하나님과 같이 되어 선악을 알 줄 하나님이 아심이니라" (창세기 3:1-5).

하나님은 남자와 여자를 창조하고 가정을 창조하셨다. 하나님의 창조 작품인 최초의 가정은 벌거벗었으나 부끄러움이 없는 곳이었다. 그러나 죄가 들어오면서 하나님과 단절된 후, 부부 사이가 단절되고 형제 사이가 단절됐다. 최초의 가정에서 형제 사이에 일어난 살인 사건은 하나님과 단절된 결과였다. 최초의 가정은 실패했다. 하지만 하나님은 가죽옷을 지어 입히고 그들을 보호하셨다.

아담과 하와에게 죄가 들어오는 과정은 오늘날에도 똑같이 적용된다. 뱀은 먼저 하와의 생각에 의심과 혼란을 안겨 주었다. 자녀들의 불순종도 시작은 의심과 혼란이다. 부모가 아무리 옳은 길을 알려 줘도, 자녀의 생각 속에 살짝 의심이 들어가서 부모의 말에 무언가를 붙이거나 빼면 혼란이 생긴다. 혼란이 생기면 부모 말이 듣기 싫어진다. 그게 우리들의 모습이다. 반항과 불순종의 뿌리는 교만이다.

교만은 패망의 지름길이다. "교만은 패망의 선봉이요 거만한 마음은 넘어짐의 앞잡이니라"(잠언 16:18). "여호와는 교만한 자의 집을 허시며"(잠언 15:25). 하나님은 부모가 그 자녀의 불순종을 통해 자신의 불순종된 모습을 깨닫기 원하신다. 하나님은 자녀의 고난을 통해 부모를 양육시켜 주신다. 자녀로 인해 고난을 받기 시작하면, 부모가 비로소 겸손을 배우기 시작하기 때문이다.

아담과 하와처럼 핑계대고 책임전가하고 남의 탓을 하면서 자신의 죄를 볼 수 없는 것이 본래 우리의 상태다. 오늘도 모든 가정은 하나님의 은혜가 임해야 비로소 허물을 가리는 곳이 된다. 우리들 스스로 만든 나뭇잎으로는 서로의 부끄러움을 가리기에 역부족이다. 그러나 예수 그리스도의 은혜가 임하면 가죽옷을 지어 입혀 주신 하나님의 사랑과 질서가 회복된다. 천국을 연습하는 가정이 된다. "여호와 하나님이 아담과 그의 아내를 위하여 가죽옷을 지어 입히시니라" (창세기 3:21).

예수 그리스도의 생명이 없이는 우리에게 사랑할 능력이 없음을 절감하는 장소가 바로 우리의 가정이다. 예수 그리스도 안에서 하나님과의 관계가 회복된 가정은 서로를 용납하며 섬기는 가정이 된다. 자녀에게 행복을 주는 곳은 실수를 인정해 주고 허물을 서로 덮어 주는 가정이다.

Think
함께 생각하기

1. 하나님의 질서가 회복된 가정과 하나님을 떠난 가정의 특징을 적어 보자.

2. 아내를 향해 "이는 내 뼈 중의 뼈요 살 중의 살이라" (창세기 2:23)고 말하던 아담이, 죄가 들어온 후에 아내에게 어떤 책임전가를 하는가? (창세기 3:12)

3. 창세기 3장에 나타난 죄의 발생 과정과 그에 따른 인간의 변화를 살펴보고, 하나님이 죄를 처리하시는 방법에 대해 나눠 보자.

P r a y
기 도 하 기

:: 자녀를 위한 기도

하나님 아버지, 내 자녀 _____가 일평생 하나님을 떠나지 않게 도와주시고, 죄를 지었을 때 책임을 전가하거나 회피하지 않고 하나님 앞에 돌아와 회개하게 해 주세요. _____가 부모나 선생님에게 훈계를 들었을 때 반항심이 싹트지 않게 하시고, 부모나 선생님이 훈계를 통해 자신을 사랑하고 있다는 것을 깨닫게 도와주세요. _____가 실수나 잘못을 반복하지 않도록 도와주시고, 주의 교양과 훈계를 감사하는 사람이 되게 인도해 주세요. 예수님의 이름으로 기도합니다. 아멘.

:: 부모를 위한 기도

하나님 아버지, 우리 부부가 예수 그리스도의 은혜로 서로 용납하며 배려하는 부부가 되게 하시고, 피차 사랑으로 복종하는 부부가 되게 해 주세요. 가정에 문제가 생겼을 때 서로에게 책임을 떠넘기거나 비난하지 않게 해 주시고, 나의 허물을 먼저 보게 도와주세요. 우리가 먼저 하나님 앞에서 죄를 처리하는 방법과 용서하는 일에 자녀에게 본이 되길 원합니다.

또한 내 자녀 _____가 잘못했을 때, 조급함이나 감정의 무절제를 막아 주시고, 무조건 허용하거나 지나치게 책망하는 부모가 아니라 '주의 교양과 훈계'로 가르치고 적절하게 교정할 수 있는 지혜를 허락해 주시길 원합니다. 예수님의 이름으로 기도합니다. 아멘.

Live
결단·실천하기

하나님, 우리 가정은 _____을 실천하기로 결단합니다.

2. 아브라함의 가정

"이삭이 그 아버지 아브라함에게 말하여 이르되 내 아버지여 하니 그가 이르되 내 아들아 내가 여기 있노라 이삭이 이르되 불과 나무는 있거니와 번제할 어린 양은 어디 있나이까
아브라함이 이르되 내 아들아 번제할 어린 양은 하나님이 자기를 위하여 친히 준비하시리라 하고 두 사람이 함께 나아가서 하나님이 그에게 일러 주신 곳에 이른지라 이에 아브라함이 그곳에 제단을 쌓고 나무를 벌여 놓고 그의 아들 이삭을 결박하여 제단 나무 위에 놓고 손을 내밀어 칼을 잡고 그 아들을 잡으려 하니
여호와의 사자가 하늘에서부터 그를 불러 이르시되 아브라함아 아브라함아 하시는지라 아브라함이 이르되 내가 여기 있나이다 하매 사자가 이르시되 그 아이에게 네 손을 대지 말라 그에게 아무 일도 하지 말라 네가 네 아들 네 독자까지도 내게 아끼지 아니하였으니 내가 이제야 네가 하나님을 경외하는 줄을 아노라" (창세기 22:7-12).
"아브라함은 시험을 받을 때에 믿음으로 이삭을 드렸으니 그는 약속들을 받은 자로되 그 외아들을 드렸느니라 그에게 이미 말씀하시기를 네 자손이라 칭할 자는 이삭으로 말미암으리라 하셨으니 그가 하나님이 능히 이삭을 죽은 자 가운데서 다시 살리실 줄로 생각한지라 비유컨대 그를 죽은 자 가운데서 도로 받은 것이니라" (히브리서 11:17-19).

이 장면을 생각하면 부모인 나로서는 가슴이 미어져 피가 마르는 것만 같다. 기원전 2000년 무렵에 살았던 것으로 추정되는 아브라함과 사라가 그런 결단을 내리기까지 그들이 지나온 삶의 여정에는 하나님의 약속과 동행하심이 있었다. 젊은 시절에 아브람은 애굽 사람이 두려워서 아내를 누이라고 두 번씩이나 속이면서까지 생명을 지키려 했던 소심하고 비겁한 사람이었다. 게다가 아내 사라의 강권으로 하갈을 취하고 이스마엘을 낳을 만큼 우유부단하고 하나님과의 약속을 끝까지 기다리지 못했다. 하갈과 이스마엘로 인해 가정불화도 겪을 만큼 겪었다.

이 모든 과정을 거치면서 마침내 믿음의 사람이 된 아브라함이 99살이 되자, 하나님은 다시 한 번 언약을 상기시켜 주신다 (창세기 17:2-8). 그리고 100살에 이삭을 주셨다. 자녀를 주신다는 약속을 주신 후 25년 만의 일이다. 아브라함이 겪은 모든 훈련 과정은 마침내 그를 즉각 순종할 수 있는 사람으로 만들었다.

하나님은 아브라함에게 아들을 제물로 태워서 하나님께 제사를 드리라고 명하셨다. 그러나 아브라함은 저항하지 않았고 이삭을 바치면서도 믿음을 잃지 않았다. 그는 이삭이 번제로 죽을지라도 하나님이 다시 살리실 줄로 믿었던 것이다 (히브리서 11:19). 그는 즉각 순종했다.

하나님은 아브라함의 순종을 통해, 아들 이삭까지도 믿음의 사람으로 만드는 교육 방식을 취하셨다. 하나님께 순종하는 아버지를 보고 자란 아들이 다시금 믿음으로 순종하는 사람으로 자란 것이다. 이삭이 아버지의 결박을 뿌리치거나 풀려고 애썼다는 기록이 없는 것으로 보아, 이삭 또한 아버지 아브라함에게 순종을 배워 온 믿음의 자녀임을 알 수 있다.

순종은 가정에서 먼저 배운다. 부부가 작은 일 하나도 따지면서 서로에게 미루는 습관이 있다면, 자녀 역시 핑계대고 미루는 사람으로 자라난다. 당신의 자녀가 적은 분량의 공부나 심부름 하나를 시켜도 사사건건 따지고 할 수 없는 이유를 댄다면, 당신 자녀는 벌써 불순종과 핑계가 습관이 된 것이다. 불순종하는 자녀는 어느 날 배우기를 멈추고 제멋대로의 삶을 살기 시작하는 것을 발견할 것이다. 부부가 서로 순종함으로 본을 보이고 하나님께 순종하는 모습을 보이면, 시간이 지날수록 순종과 믿음의 사람으로 자라는 자녀와, 그 자녀를 통해 일하시는 하나님을 발견할 것이다.

Think
함께 생각하기

1. 우리 가정은 배우자의 부탁을 사사건건 따진 후에 신뢰하는 편인가? 아니면 서로를 신뢰하며 이유를 묻지 않고 "피차 복종"(에베소서 5:21) 하는 편인가?
"너희도 각각 자기의 아내 사랑하기를 자신같이 하고 _____도 자기 남편을 존경하라"(에베소서 5:33).

2. 하나님의 약속을 기다리지 못하고 내 뜻대로 일을 계획했다가 실패한 경험이 있는가?

3. 나와 나의 가정은 일상생활에서 자녀에게 순종의 본을 보이는가? 불순종의 본을 보이는가?

4. 나의 자녀는 이삭이 아브라함을 신뢰하듯 나를 신뢰하는가?
"자녀들아 주 안에서 너희 부모에게 순종하라 이것이 옳으니라 네 아버지와 어머니를 _____ 하라 이것은 약속이 있는 첫 계명이니 이로써 네가 잘되고 땅에서 _____ 하리라" (에베소서 6:1-3).

Pray
기 도 하 기

:: 자녀를 위한 기도

하나님 아버지, _____가 아브라함에게 순종한 이삭처럼 부모와 하나님께 순종하는 자녀가 되게 해 주세요. 이삭처럼 부모를 신뢰하게 해 주세요. _____가 하나님과 부모에게 순종함으로 하나님이 여호와의 산에 준비해 주신(여호와 이레) 기쁨을 누리는 삶을 살게 인도해 주세요. _____가 하나님의 약속을 믿고 기다리는 사람이 되게 도와주세요. 예수님의 이름으로 기도합니다. 아멘.

:: 부모를 위한 기도

하나님 아버지, 우리 부부가 먼저 그리스도 안에서 피차 복종하는 훈련을 잘하도록 도와주세요. 서로 사사건건 따지거나 불순종하는 습관을 고쳐 주시고, 신뢰하고 존중하는 부부가 되게 해 주세요. 자녀에게 평소에 하나님 경배하는 것을 잘 가르치는 부모가 되게 해 주세요. 순종과 불순종을 선택해야 하는 순간이 올 때마다 순종을 선택하고, 자녀에게도 순종의 본이 되는 믿음의 부모가 되길 간구하며, 예수님의 이름으로 기도합니다. 아멘.

<u>L i v e</u>
결단·실천하기

하나님 아버지, 우리 가정은 _____을 실천하기로 결단합니다.

3. 엘리 제사장의 가정

"엘리가 매우 늙었더니 그의 아들들이 온 이스라엘에게 행한 모든 일과 회막 문에서 수종 드는 여인들과 동침하였음을 듣고 그들에게 이르되 너희가 어찌하여 이런 일을 하느냐 내가 너희의 악행을 이 모든 백성에게서 듣노라 내 아들들아 그리하지 말라 내게 들리는 소문이 좋지 아니하니라 너희가 여호와의 백성으로 범죄하게 하는도다 사람이 사람에게 범죄하면 하나님이 심판하시려니와 만일 사람이 여호와께 범죄하면 누가 그를 위하여 간구하겠느냐 하되 그들이 자기 아버지의 말을 듣지 아니하였으니 이는 여호와께서 그들을 죽이기로 뜻하셨음이더라"(사무엘상 2:22-25).

엘리 제사장은 비록 이스라엘의 영적 지도자였지만 홉니와 비느하스를 믿음으로 양육하지 않았고, 결국 두 아들은 죄악 속에 타락한 모습을 보여 주었다. 현대식으로 적용하면, 아무리 유명하고 영향력 있는 목회자나 장로라고 해도 그들의 자녀를 주님의 교양과 훈계로 가르치지 않으면, 그 자녀들이 습관적인 죄에 이르고 믿음에서 떠나 하나님의 심판을 받게 된다는 원리다.

엘리의 아들은 하나님을 무시하고(사무엘상 2:12), 성전의 재물을 닥치는 대로 가져가고(사무엘상 2:13-17), 회막 문에서 수 종드는 여인과 간음(사무엘상 2:22)하는 심각한 타락상을 보인다. 그러나 엘리는 아들의 죄에 대해 겨우 "내 아들들아 그리하지 말라"(사무엘상 2:24) 하는 정도에 그쳤다.

하나님은 아버지가 징계를 제대로 못하자 엘리 제사장과 두 아들을 죽게 하심으로써 영적 · 도덕적 · 육체적 타락에 대해 분명히 경고하셨다. 남편과 아들이 이토록 타락할 때까지 엘리의 아내는 어디서 무엇을 하고 있었을까. "그러므로 내가 엘리의 집에 대하여 맹세하기를 엘리 집의 죄악은 제물로나 예물로나 영원히 속죄함을 받지 못하리라 하였노라 하셨더라"(사무엘상 3:14).

이 시대에도 하나님은 동일하게 경고하신다. 모든 그리스도인은 자신의 가문이 몇 대째 믿음의 가문인지가, 자녀의 믿음에도 보증수표가 아닌 것을 명심해야 할 것이다. 믿음은 언제나 하나님과 한 개인과의 일대일의 문제다. 부모의 신앙이 아무리 좋아도 자녀에게 가르치지 않은 것은 전수될 수가 없다. 부모는 시간과 정성을 들여서 자녀가 하나님의 말씀을 순종하도록 가르쳐야 하는 일차적 책임자다.

Think
함께 생각하기

1. 우리 가정은 신앙의 외적 모습과 내적 모습이 균형 있게 성장하고 있는가? 자녀의 불순종과 죄를 엘리처럼 소홀히 여기고 그 죄를 묵과하면서 책망과 징계를 게을리 하고 있지 않은가?

2. 성경에 비추어 볼 때, 우리 가정에서 무심히 반복적으로 행해지는 죄는 무엇인가?

3. 우리 가정에서는 자녀양육을 위해 의도적으로 어떤 일을 하는가?

Pray
기 도 하 기

:: 자녀를 위한 기도

하나님 아버지, 제 자녀 _____ 가 홉니와 비느하스처럼 하나님을 무시하거나 물질을 심하게 탐하거나 성적 타락에 빠지지 않도록 지켜 주시고 인도해 주세요. _____의 영혼을 구원해 주세요. _____가 하나님을 경외(Fear of God)할 수 있는 자녀가 되게 인도해 주세요. 예수님의 이름으로 기도합니다. 아멘.

:: 자녀를 위한 기도
하나님 아버지, 엘리가 자기 아들을 제대로 가르치지 못한 것처럼 저도 부모의 역할을 게을리 했습니다. 용서해 주시고, 이제부터는 하나님의 말씀을 부모 된 제가 먼저 경외하고 자녀를 주님의 교양과 훈계와 기도로 양육하게 인도해 주세요. 제가 어리석게 자녀를 대할 때마다 성령님이 밝히 알게 하시고 깨닫게 하셔서, 자녀의 죄를 위해 통곡하는 부모가 되게 인도해 주세요. _____가 홉니와 비느하스처럼 하나님께 심판받는 자녀가 되지 않게 보호해 주시길 간구하오며, 예수님의 이름으로 기도합니다. 아멘.

Live 결단·실천하기

하나님 아버지, 우리 가정은 _____을 실천하기로 결단합니다.

4. 사무엘을 낳은 엘가나와 한나의 가정

"사무엘은 어렸을 때에 세마포 에봇을 입고 여호와 앞에서 섬 겼더라 그의 어머니가 매년 드리는 제사를 드리러 그의 남편과 함께 올라갈 때마다 작은 겉옷을 지어다가 그에게 주었더니 엘리가 엘가나와 그의 아내에게 축복하여 이르되 여호와께 서 이 여인으로 말미암아 네게 다른 후사를 주사 이가 여호와 께 간구하여 얻어 바친 아들을 대신하게 하시기를 원하노라 하였더니 그들이 자기 집으로 돌아가매
여호와께서 한나를 돌보시사 그로 하여금 임신하여 세 아들 과 두 딸을 낳게 하셨고 아이 사무엘은 여호와 앞에서 자라니 라 … 아이 사무엘이 점점 자라매 여호와와 사람들에게 은총 을 더욱 받더라" (사무엘상 2:18-21, 26).

한나가 자녀를 얻기 위해 간절히 드린 기도는 사무엘의 출생 으로 응답되었다. 한나는 기도하면서 하나님께 드렸던 약속 을 잊지 않고 이행한 헌신적 믿음의 어머니다. 사무엘은 어머 니의 기도대로 젖을 떼자마자 하나님의 성소에서 양육되며 신앙교육을 받았다. 아이러니하게도 그의 스승은 자녀양육 에 크게 실패한 엘리 제사장이다.

한나는 엘리의 만행을 몰랐을 리 없지만, 하나님이 세우신 제 사장으로서 하나님의 축복의 통로임을 믿고 엘리에게 자녀

를 맡겼다. 한나는 사무엘을 주신 분도 하나님이시고 엘리를 제사장으로 세우신 분도 하나님이심을 믿었다.

비록 엘리는 자신의 아들을 믿음으로 키우는 데는 실패했지만, 하나님이 준비하신 사무엘은 하나님의 사람으로 인도했다. 사무엘은 암담한 상황 중에 있는 이스라엘의 영적 각성을 지도했으며(사무엘상 7:1-17), 기원전 11세기 무렵에 활약했던 선지자이자 제사장이며 이스라엘의 마지막 사사다(사도행전 13:20).

홉니와 비느하스가 제사장의 직분을 감당하고 영적 지도자가 되기에 부적합함을 아신 하나님께서 사무엘을 예비하심이 놀랍기만 하다. 한나는 자신의 기도를 잊지 않았다. "그를 여호와께 드리되 그의 평생을 여호와께 드리나이다 하고 그가 거기 가서 여호와께 경배하니라"(사무엘상 1:28). 한나는 어린 사무엘을 엘리에게 맡긴 후에도 남편 엘가나와 함께 각별한 사랑과 믿음으로 양육했다(사무엘상 2:19).

Think
함께 생각하기

1. 우리 가정은 자녀의 신앙교육을 위해 어떤 노력을 기울이고 있는가?

2. 우리 가족은 섬기는 교회의 목사님과 교회학교 선생님을 존경하며, 자녀의 영적 성장을 위해 가르침을 받으며 기도하는가?

3. 하나님께 약속드린 기도 중 잊었거나 못 지키고 있는 것이 있는지 살펴보자.

Pray
기 도 하 기

:: 자녀를 위한 기도

하나님 아버지, 제 딸(아들) _____가 사무엘처럼 성전에서 배우기를 기뻐하는 자녀가 되게 인도해 주세요. 교회 가기를 즐거워하고 예배드리는 것을 기뻐하는 자녀가 되게 해 주세요. _____가 주일학교, 중·고등부, 청년부를 지나며 건강하게 성장하게 해 주시고, 대학에 들어가고 직장에 들어가고 결혼한 후에도 신앙에서 떠나거나 세상 풍조에 요동치는 사람이 되지 않게 도와주세요. 예수님의 이름으로 기도합니다. 아멘.

:: 부모를 위한 기도
하나님 아버지, 엘가나와 한나처럼 믿음으로 _____를 인도하는 부모가 되게 도와주세요. 우리 부부가 주 안에서 하나 되게 해 주시고, 자녀를 양육할 때도 의견이 일치되게 마음을 주장해 주세요. 우리 부부가 어리석은 마음으로 알지 못하고 멸망의 길로 자녀를 인도하는 일이 없도록 보호해 주시고, 하나님의 말씀을 잘 이해하고 순종하는 부모가 되게 도와주세요. 예수님 이름으로 기도합니다. 아멘.

Live 결단·실천하기

하나님, 우리 가정은 _____을 실천하기로 결단합니다.

5. 노아의 가정

"노아가 농사를 시작하여 포도나무를 심었더니 포도주를 마시고 취하여 그 장막 안에서 벌거벗은지라 가나안의 아버지 함이 그의 아버지의 하체를 보고 밖으로 나가서 그의 두 형제에게 알리매 셈과 야벳이 옷을 가져다가 자기들의 어깨에 메고 뒷걸음쳐 들어가서 그들의 아버지의 하체를 덮었으며 그들이 얼굴을 돌이키고 그들의 아버지의 하체를 보지 아니하였더라 노아가 술이 깨어 그의 작은 아들이 자기에게 행한 일을 알고 이에 이르되 가나안은 저주를 받아 그의 형제의 종들의 종이 되기를 원하노라 하고 또 이르되 셈의 하나님 여호와를 찬송하리로다 가나안은 셈의 종이 되고 하나님이 야벳을 창대하게 하사 셈의 장막에 거하게 하시고 가나안은 그의 종이 되게 하시기를 원하노라 하였더라 홍수 후에 노아가 삼백오십 년을 살았고 그의 나이가 구백오십 세가 되어 죽었더라"
(창세기 9:20-29).

노아의 세 아들이 보인 행동은, 부모의 실수에 대해 자녀로서 취할 태도에 대한 힌트 같다. 술에 취해서 벌건 대낮에 하체를 벗고 누운 아버지에게 세 아들은 각기 다른 반응을 보였다. 당대의 의인인 노아의 실수에 대한 세 아들의 반응은 인종이 갈라지는 사건이 되었다. 그때의 상황을 상상해 보자. 아마도 함이 아버지의 하체를 보고 그의 두 형제 셈과 야벳에게 알릴 때 노아의 손자도 듣지 않았을까? 함이 아버지의 허물을 소문 낼 때, 그의 아내와 아들 가나안도 할아버지 노아의 실수를 듣게 되었을 것 같다.

그런데 셈과 야벳은 아버지의 하체를 보지 않고 얼굴을 돌이켰다. 그들의 태도로 인해 셈과 야벳의 자녀들은 할아버지의 허물을 듣지 못했을 것이다. 자신도 아버지의 허물을 언급하지 않고, 자신의 자녀나 아내에게도 아버지의 허물을 전하지 않았기 때문에, 셈과 야벳의 자녀들은 훗날 노아 할아버지에게 여전히 많은 가르침을 받고 순종했을 것이다. 그래서 그들의 자손이 축복받은 것이 아니었을까.

성경에 보면 홍수 후에 노아가 350년을 살았고 950세가 되어 죽었다. 셈과 야벳의 자녀들은 노아 할아버지에게 그들의 자녀와 손자에 손자들까지 두고두고 순종하며 축복과 사랑을 받았을 것이다. 아버지의 허물과 실수를 덮고 받는 복은 오늘날도 계속되고 있다.

술 취한 노아의 이야기는 사람이기에 내 부모도 실수할 수 있는데, 그것을 자녀 앞에서 말하지 않는 것이 믿음과 사랑으로 가능하고 또한 축복받는 일임을 가르쳐 준다. "무엇보다도 뜨

겁게 서로 사랑할지니 사랑은 허다한 죄를 덮느니라"(베드로전서 4:8).

실제로 부모님을 존경하면 여러 가지 유익이 있다. 할아버지 할머니 말씀에 권위가 생긴다는 것이다. 내 맘에 안 든다고 처가나 시댁의 흉을 보면 가장 손해 보는 사람이 바로 내 자녀다. 그리스도인이면서도 부모의 허물을 자녀 앞에서 거듭 말하는 분위기가 가정의 습관으로 있다면, 기도하면서 고칠 일이다. 정말 고치길 하나님이 원하신다. 그 복은 내 자녀가 받는다.

Think
함께 생각하기

1. 처가와 시댁의 존경스런 부분에 대해 나눠 보자.

2. 부모가 남을 비난할 때, 특히 자녀의 조부모를 비난할 때, 자녀가 어떤 생각을 할 것인지에 대해 나눠 보자.

3. 셈과 야벳의 자녀들이 축복받은 것에 대해 어떻게 생각하는가? 불공평하다는 생각을 한 적은 없는지 나눠 보자.

4. 부부가 자녀 앞에서 서로 비판하고 깎아내리는 언어 습관과 태도를 갖고 있는지, 서로 격려하고 칭찬하는 언어 습관과 태도를 갖고 있는지 점검해 보자.

Pray
기도하기

:: 자녀를 위한 기도

하나님 아버지, _____가 부모와 조부모를 존경하고 따를 수 있도록 인도해 주세요. 부모와 조부모의 장점을 배우고 허물과 단점을 덮고 기도하는 자녀가 되도록 도와주세요. 셈과 야벳과 같이 부모의 허물을 덮는 자녀가 되게 해 주시고, 셈과 야벳의 자녀들이 받은 축복을 받게 해 주세요. 예수님의 이름으로 기도합니다. 아멘.

:: 부모를 위한 기도

하나님 아버지, 자녀 앞에서 부모의 허물을 덮는 부모가 되게 해 주세요. 부모가 서로 사랑하며 허다한 죄를 덮고, 성도로시의 기업을 받게 도와주세요. 제 부모와 제 자녀 사이의 좋은 연결고리가 되게 인도해 주세요. 노아의 세 아들의 교훈을 잊지 말게 해 주세요. 예수님의 이름으로 기도합니다. 아멘.

Live
결단·실천하기

하나님, 우리 가정은 _____을 실천하기로 결단합니다.

6. 모세를 낳은 아므람과 요게벳의 가정

"아므람은 그들의 아버지의 누이 요게벳을 아내로 맞이하였고 그는 아론과 모세를 낳았으며 아므람의 나이는 백삼십칠 세였으며"(출애굽기 6:20).

"아므람의 처의 이름은 요게벳이니 레위의 딸이요 애굽에서 레위에게서 난 자라 그가 아므람에게서 아론과 모세와 그의 누이 미리암을 낳았고"(민수기 26:59).

"레위 가족 중 한 사람이 가서 레위 여자에게 장가들어 그 여자가 임신하여 아들을 낳으니 그가 잘생긴 것을 보고 석 달 동안 그를 숨겼으나 더 숨길 수 없게 되매 그를 위하여 갈대 상자를 가져다가 역청과 나무 진을 칠하고 아기를 거기 담아 나일 강가 갈대 사이에 두고 그의 누이가 어떻게 되는지를 알려고 멀리 섰더니 바로의 딸이 목욕하러 나일 강으로 내려오고 시녀들은 나일 강가를 거닐 때에 그가 갈대 사이의 상자를 보고 시녀를 보내어 가져다가 열고 그 아기를 보니 아기가 우는지라 그가 그를 불쌍히 여겨 이르되 이는 히브리 사람의 아기로다 그의 누이가 바로의 딸에게 이르되 내가 가서 당신을 위하여 히브리 여인 중에서 유모를 불러다가 이 아기에게 젖을 먹이게 하리이까 바로의 딸이 그에게 이르되 가라 하매 그 소녀가 가서 그 아기의 어머니를 불러오니 바로의 딸이 그에게 이르되 이 아기를 데려다가 나를 위하여 젖을 먹이라 내가 그 삯을 주리라 여인이 아기를 데려다가 젖을 먹이더니 그 아기가 자라매 바로의 딸에게로 데려가니 그가 그의 아들이 되니라 그가 그의 이름을 모세라 하여 이르되 이는 내가 그를 물에서 건져 내었음이라 하였더라" (출애굽기 2:1-10).

구세군 창설자 윌리암 부스는 "부모 여러분, 빨리 손을 쓰세요. 마귀가 여러분의 자녀에게 죄를 가르치기 전에 하나님을 가르쳐야 합니다. 마귀가 자녀에게 불신앙을 가르치기 전에 먼저 믿음을 가르쳐야 합니다."라고 강조했다.

그러나 현대에는 믿음의 부모조차 자녀의 믿음은 자녀가 성장한 후에 스스로 결정할 일이라고 생각한다. 얼핏 보면 참으로 자녀를 배려하고 인격적인 것처럼 보인다. 그러나 그들이 잊고 있는 진실 하나가 있다. 인간은 모두 날 때부터 죄인이라는 사실이다. 우리 자녀들은 태어날 때부터 하나님과 분리된 죄인이기 때문에, 서둘러 하나님을 배우게 하고 순종과 믿음을 가르치지 않으면 불신앙과 불순종이 체질이 되어서 자라가는 존재다. 어린 자녀를 자기가 원하는 대로 하도록 그대로 두어 보아라. 막무가내로 자라 결국 가장 먼저 당신을 괴롭힐 것이다. 부모가 징계하지 않는 자녀는 훗날 세상이 징계할 것이다. 하나님은 미리 아시고 부모에게 자녀를 가르칠 것을 명하셨다. "마땅히 행할 길을 아이에게 가르치라 그리하면 늙어도 그것을 떠나지 아니하리라"(잠언 22:6). 이 말씀을 순종하느냐 불순종하느냐는 부모인 당신이 선택할 일이다.

모세는 최악의 상황에 태어났다. 그러나 모세의 부모는 왕의 명령을 무서워하기보다 하나님을 믿었다. 모세의 부모에게는 자녀를 키울 수 있는 시간조차 주어지지 않았다. 석 달이 지나자 아기의 울음소리가 커져서 더 이상 숨길 수가 없었다. 그들은 포기하지 않고 자녀를 하나님의 사람으로 키우는 일에 최선을 다했다. 그러나 생명이 위험하고 포기해야 하는 순간이 오자 그들은 하나님의 도우심을 구하고, 모세를 넣은 갈대상자를 믿음으로 나일 강에 내려놓았다.

우리는 부모로서 하나님을 믿는 신앙을 가르치고 최선을 다한 후에는 자녀를 하나님 손에 내려놓아야 하는 순간이 온다. 믿음의 갈대상자에 넣어 세상으로 내보내야 하는 순간이 온다. 부모의 한계는 하나님이 자녀를 위해 일을 시작하시는 순간이다. 최선을 다하는 부모는 자녀를 위해 포기하지 않고 기도하는 부모다. 기도하면 하나님의 때를 알게 되는 지혜도 주신다. 하나님은 나태하고 믿음이 없는 부모조차도 기다려 주신다. 내 자녀의 문제는 지금 나를 회개와 순종의 자리로 부르시는 하나님의 음성이다.

"믿음으로 모세가 났을 때에 그 부모가 아름다운 아이임을 보고 석 달 동안 숨겨 왕의 명령을 무서워하지 아니하였으며"(히브리서 11:23). 최악의 상황에서 태어난 모세가 이스라엘의 지도자가 될 수 있었던 것은 모세의 부모가 하나님의 도움을 믿고 끝까지 최선을 다했기 때문이다. 모세의 일생을 이끈 것은 어머니에게 받은 어린 시절의 신앙교육이다.

모세는 결국 하나님께 쓰임 받는 일생을 살게 된다. "믿음으로 모세는 장성하여 바로의 공주의 아들이라 칭함 받기를 거절하고 도리어 하나님의 백성과 함께 고난받기를 잠시 죄악의 낙을 누리는 것보다 더 좋아하고 그리스도를 위하여 받는 수모를 애굽의 모든 보화보다 더 큰 재물로 여겼으니 이는 상 주심을 바라봄이라"(히브리서 11:24-26).

Think
함께 생각하기

1. 당신은 자녀의 출생에 얽힌 특별한 고통과 어려움이 있는가? 그 고통을 불평하며 지냈는지, 믿음으로 극복하며 지냈는지 살펴보자.

2. 당신의 어린 자녀를 날마다 말씀의 갈대상자에 넣어 학교와 세상으로 보내고 있는지 점검해 보자.

3. 최악의 상황을 최선으로 바꿔 주신 하나님을 경험한 일이 있으면 나눠 보자.

4. 당신은 자녀에게 무엇을 가르치는가? 하나님을 믿고 최선을 다하는 법을 가르치고 있는지 최근의 삶을 나눠 보자.

Pray
기 도 하 기

:: 자녀를 위한 기도

하나님 아버지, _____가 하나님을 믿고 최선을 다하는 사람으로 성장하게 도와주세요. 하나님을 배우는 일을 기뻐하게 하시고, 마땅히 행할 길을 잘 배울 수 있게 해 주세요. _____가 죄악의 낙을 누리는 것보다, 하나님의 백성과 함께 고난받기를 더 즐거워하는 믿음의 사람으로 자라게 해 주세요. 예수님의 이름으로 기도합니다. 아멘.

:: 부모를 위한 기도

하나님 아버지, 왕을 두려워하지 않고 하나님을 믿은 아므람과 요게벳의 믿음을 배우게 도와주세요. 최선을 다하고 믿음으로 모세를 젖먹인 요게벳 같은 부모가 되게 해 주세요. _____를 갈대상자에 넣어 학교에 보내는 부모가 되게 하시고, 자녀를 위한 잘못된 목적을 바로잡게 도와주세요. 예수님 이름으로 기도합니다. 아멘.

Live
결단·실천하기

하나님, 우리 가정은 _____을 실천하기로 결단합니다.

7. 욥의 가정

"우스 땅에 욥이라 불리는 사람이 있었는데 그 사람은 온전하고 정직하여 하나님을 경외하며 악에서 떠난 자더라 그에게 아들 일곱과 딸 셋이 태어나니라 그의 소유물은 양이 칠천 마리요 낙타가 삼천 마리요 소가 오백 겨리요 암나귀가 오백 마리이며 종도 많이 있었으니 이 사람은 동방 사람 중에 가장 훌륭한 자라

그의 아들들이 자기 생일에 각각 자기의 집에서 잔치를 베풀고 그의 누이 세 명도 청하여 함께 먹고 마시더라 그들이 차례대로 잔치를 끝내면 욥이 그들을 불러다가 성결하게 하되 아침에 일어나서 그들의 명수대로 번제를 드렸으니 이는 욥이 말하기를 혹시 내 아들들이 죄를 범하여 마음으로 하나님을 욕되게 하였을까 함이라 욥의 행위가 항상 이러하였더라"(욥기 1:1-5).

"이르되 내가 모태에서 알몸으로 나왔사온즉 또한 알몸이 그리로 돌아가올지라 주신 이도 여호와시요 거두신 이도 여호와시오니 여호와의 이름이 찬송을 받으실지니이다 하고 이 모든 일에 욥이 범죄하지 아니하고 하나님을 향하여 원망하지 아니하니라"(욥기 1:21-22).

욥은 온전하고 순전하고 정직하고 하나님을 경외하며 악에서 떠난 사람이었다. 그는 동방에서 가장 훌륭한 사람이었으

며, 자녀들이 죄를 짓지 않도록 하기 위하여 신앙교육에 힘쓴 모범적인 아버지였다.

그는 형제간에도 우애가 돈독했으니, 욥의 자녀들은 어려서부터 삼촌과 고모들과 화목하게 지내는 아버지를 보고 자랐다. 아버지가 형제들과 화목하게 사는 것을 보며 자란 욥의 자녀들도 서로 화목한 어린 시절을 보냈을 것이다.

여기서 재미있는 것은 욥이 잔치를 끝낸 후에 자신의 자녀들을 불러다가 성결하게 하는 대목이다. 우리도 가족 행사나 휴가나 명절이 끝나면 자녀들의 생활 리듬이 깨지고 몸과 마음이 흐트러지는 것을 경험한다. 욥은 자녀들의 영적·도덕적·심리적 상태뿐 아니라 일상생활의 습관까지도 세심한 관심을 기울였던 것을 알 수 있다.

자신의 자녀들이 죄를 범하여 마음으로 하나님을 욕되게 할까 봐 아침에 일어나서 그들의 명수대로 번제를 드리는 욥의 모습에서, 오늘의 부모는 자녀를 위해 무엇을 할 것인지 구체적으로 배울 수 있다.

분주하고 어수선한 아침 시간을 맞이하는 부모였다면, 미처 생각지도 못할 일이다. 우리 가정의 아침 풍경을 떠올려 보자. 늦었다고 소리 지르고, 숙제 안 하고 준비물 안 챙겼다고 야단치며 아침을 시작하지는 않는지 되돌아볼 일이다. 나는 아침 시간에 자녀에게 무엇을 공급하고 있는지 살펴볼 일이다.

욥은 인간이 겪을 수 있는 모든 종류의 고난을 한꺼번에 겪었지만, 여전히 하나님을 향한 마음이 변하지 않았다. 마침내 모든 고난을 통과한 후에도 여전히 새로운 자녀들을 하나님의 뜻 가운데 양육하는 모습이 성경에 기록되어 있다.

욥은 아브라함과 동시대 인물이다. 그가 아들과 딸을 차별하지 않고 딸에게도 그들의 오라비처럼 기업을 준 모습은, 이 시대에도 귀감이 된다. 이처럼 하나님의 기준을 지키는 것이야말로 시대를 초월해서 가장 최신의 완전한 자녀양육 원리임을 보여 준다.

"여호와께서 욥의 말년에 욥에게 처음보다 더 복을 주시니 그가 양 만 사천과 낙타 육천과 소 천 겨리와 암나귀 천을 두었고 또 아들 일곱과 딸 셋을 두었으며 그가 첫째 딸은 여미마라 이름하였고 둘째 딸은 긋시아라 이름하였고 셋째 딸은 게렌합북이라 이름하였으니 모든 땅에서 욥의 딸들처럼 아리따운 여자가 없었더라 그들의 아버지가 그들에게 그들의 오라비들처럼 기업을 주었더라 그 후에 욥이 백사십 년을 살며 아들과 손자 사 대를 보았고 욥이 늙어 나이가 차서 죽었더라"(욥기 42:12-17).

Think
함께 생각하기

1. 온전하고 정직하며 하나님을 경외하고 악에서 떠난(욥기 1:1) 욥이 받은 고난과, 우리가 현재 당하는 고난을 비교해 보자. 어떤 차이가 있는가?

2. 욥이 자녀에게 행했던 아버지의 모습과, 우리가 자녀에게 행하는 자녀양육의 차이점과 공통점을 찾아보자.

3. 우리 가정은 아들과 딸을 차별하는 가정인가? 아니면 욥과 같이 아들과 딸을 공평하게 대하는 가정인가?

Pray
기 도 하 . 기

:: 자녀를 위한 기도

하나님 아버지, _____가 하나님을 경외하고 악에서 떠나고 온전하고 정직하게 자라게 인도하여 주세요. 아침마다 주의 말씀이 _____의 발에 등불이 되시고 빛이 되어 주세요. _____가 고난을 만났을 때도, 하나님의 뜻에 순종하는 자녀가 되게 도와주세요. 고난을 믿음으로 통과하는 자녀가 되게 인도해 주세요. 예수님의 이름으로 기도합니다. 아멘.

:: 부모를 위한 기도
하나님 아버지, 매일 아침 시간을 분주하게 보낸 것을 회개합니다. 이제부터는 새벽에 주의 말씀을 먼저 묵상하고 자녀를 위해 기도하는 부모가 되게 하시고, 내 자녀 _____의 영과 몸과 마음의 상태를 세심하게 배려하고 양육하는 부모가 되게 가르쳐 주세요. 휴가나 명절이나 잔치가 끝난 후 가족의 흐트러진 생활 리듬을 말씀과 기도로 바로잡는 경건한 가정이 되게 해 주세요. 예수님 이름으로 기도합니다. 아멘.

Live
결단·실천하기

하나님, 우리 가정은 _____을 실천하기로 결단합니다.

8. 여호수아의 가정

"그러므로 이제는 여호와를 경외하며 온전함과 진실함으로 그를 섬기라 너희의 조상들이 강 저쪽과 애굽에서 섬기던 신들을 치워 버리고 여호와만 섬기라 만일 여호와를 섬기는 것이 너희에게 좋지 않게 보이거든 너희 조상들이 강 저쪽에서 섬기던 신들이든지 또는 너희가 거주하는 땅에 있는 아모리 족속의 신들이든지 너희가 섬길 자를 오늘 택하라 오직 나와 내 집은 여호와를 섬기겠노라 하니." (여호수아 24:14-15).

눈의 아들 여호수아는 본래 이름이 '호세아' 였다(민수기 13:16). 그 이름의 뜻은 '여호와는 구원이시다'이며, 모세가 그의 이름에 '여호와' 라는 뜻을 붙여서 여호수아라고 부르게 되었다. 여호수아는 갈렙과 함께 가나안을 정탐했을 때 하나님의 약속을 굳게 믿고 백성을 격려했다. "그 땅을 정탐한 자 중 눈의 아들 여호수아와 여분네의 아들 갈렙이 자기들의 옷을 찢고 이스라엘 자손의 온 회중에게 말하여 이르되 우리가 두루 다니며 정탐한 땅은 심히 아름다운 땅이라 여호와께서 우리를 기뻐하시면 우리를 그 땅으로 인도하여 들이시고 그 땅을 우리에게 주시리라 이는 과연 젖과 꿀이 흐르는 땅이니라 다만 여호와를 거역하지는 말라 또 그 땅 백성을 두려워하지 말라 그들은 우리의 먹이라 그들의 보호자는 그들에게서 떠났고 여호와는 우리와 함께하시느니라 그들을 두려워하지 말라 하나" (민수기 14:6-9).

그는 믿음 안에서 건강한 자아상을 가졌던 사람이다. 그는 모세의 후계자가 되었을 때도, 자신은 모세처럼 많은 교육을 받지 못한 것을 스스로 인정하고 항상 겸손했다. 두려웠지만 자기를 인도하고 도우실 하나님을 그대로 믿고 따랐다. 여리고 성을 믿음으로 돌면서 무너뜨렸고, 이스라엘 백성을 이끌고 끝까지 하나님만을 섬긴 믿음의 지도자다.

이 시대를 사는 우리도 세상의 신들을 치워 버리고 여호와 하나님을 섬길 것인지, 여전히 세상 신을 섬길 것인지 매순간 선택하고 결단해야 한다. 나와 내 집이 무엇을 섬길지, 선택은 전적으로 우리 몫이다. 여호수아처럼 부모가 하나님을 선택할 때, 우리의 자녀들도 하나님을 섬기는 자가 될 것이다. 성인이 되기 전까지 어린 자녀는 너무 많은 것이 자기 부모의 손에 달려 있다. 부모가 어떤 길을 선택했느냐가 자녀의 미래에 지대한 영향을 미친다.

Think
함께 생각하기

1. 당신은 스스로의 모습을 어떻게 생각하는가? 긍정적 면과 부정적 면 중 어떤 모습에 더 마음을 두는가?

2. 당신이 매순간 선택하는 신은 세상의 신인가? 여호와 하나님인가?

3. 여호와 하나님만을 선택하고도 여전히 세상에 이끌려 다니는 삶의 영역은 무엇인가?

Pray
기 도 하 기

:: 자녀를 위한 기도

하나님 아버지, _____가 세상을 두려워하는 아이가 아니라 여호와 하나님을 경외하는 아이로 자라게 인도해 주세요. _____가 여호수아처럼 겸손과 믿음을 잃지 않고 하나님이 쓰시는 그릇이 되게 인도하여 주옵소서. _____

가 선택의 순간이 올 때마다 담대하게 하나님의 법을 선택하고 순종하게 인도해 주세요. _____의 일생이 하나님이 기뻐하시는 삶이 되기를 간구합니다. 예수님의 이름으로 기도합니다. 아멘.

:: 부모를 위한 기도
하나님 아버지, 여호수아처럼 하나님을 신뢰하고, 건강한 자아상을 갖지 못하고 세상을 두려워했음을 용서해 주세요. 하나님이 약속하신 말씀을 믿고 나와 내 집이 여호와 섬기기를 결단하고 실천하는 부모가 되게 도와주세요. 예수님의 이름으로 기도합니다. 아멘.

L i v e
결단·실천하기

하나님, 우리 가정은 _____을 실천하기로 결단합니다.

9. 고넬료의 가정

"가이사랴에 고넬료라 하는 사람이 있으니 이달리야 부대라 하는 군대의 백부장이라 그가 경건하여 온 집안과 더불어 하나님을 경외하며 백성을 많이 구제하고 하나님께 항상 기도하더니 … 말하되 고넬료야 하나님이 네 기도를 들으시고 네 구제를 기억하셨으니"(사도행전 10:1-2, 31).

고넬료는 베드로를 통해 복음을 듣고 이방인으로서 최초로 세례받은 믿음의 사람이었다(사도행전 10:34-48). 그는 항상 기도하는 사람이었고 백성을 많이 구제하고 하나님을 경외했던 사람이었다. 그는 로마 장교(백부장)로서 자신의 직업을 충실히 행하던 사람이었다. 단지 신앙의 영역을 교회 안에만 국한시켰던 사람이 아니라, 자신의 직업과 가정과 지역 사회까지 넓혀 사랑과 구제로 섬기며 삶의 전 영역을 신앙의 영역으로 확대한 사람이었다.

현대 사회에는 하나님을 경외한다고 하면서 자신의 신앙생활을 교회생활로만 한정짓는 사람들이 많다. 직장과 가정과 자신이 속한 지역 사회와 이웃 공동체와 세계를 향해서 한결같은 신앙의 모습을 유지하기란 쉬운 일이 아니다. 그러나 고넬료의 삶을 통해서 우리는 가정이 먼저 경건하고, 자녀와 함께 이웃 사랑을 실천하는 삶을 기뻐하시는 하나님의 뜻을 발견할 수 있다.

그는 가족의 구원을 위해서도 힘썼던 사람이다. 그가 자신의 가족과 일가친척과 친구들을 모아 놓고 베드로를 초청해서 설교하게 한 일은 이 시대에도 전도와 선교의 본이 될 수 있다. 그는 주의 종을 영접하고 그의 말씀을 경청하며 기도하고 실천한 생활인이었다. 마침내 온 가족이 세례를 받고 하나님이 기억하시는 가족이 된 고넬료의 이야기를 통해서, 우리 가정을 향해 말씀하시는 주님의 음성에 귀 기울여 보자.

Think
함께 생각하기

1. 가족, 친척, 친구, 직장의 영혼 구원을 위해 나는 기도하고 있는가?

2. 나의 경건 생활과 기도 시간과 구제의 영역을 살펴보고, 하나님이 보시기에 최선을 다하고 있는지 점검해 보자.

3. 고넬료가 베드로를 섬기고 청해서 설교를 들은 것처럼, 섬기는 교회의 목사님의 설교를 경청하고 들은 말씀을 실천하고 있는가?

Pray
기 도 하 기

:: 자녀를 위한 기도

하나님 아버지, _____가 자신의 학교나 직장에서도 경건한 하나님의 사람이 되기를 간구합니다. _____의 기도 생활과 경건 생활을 간섭해 주시고, _____가 이기적

인 신앙생활을 하지 않도록 구제와 이웃 사랑을 실천하게 도
와주세요. _____가 고넬료처럼 생활 속에서 실천하고
하나님을 경외하는 자녀가 되게 도와주세요. 예수님의 이름
으로 기도합니다. 아멘.

:: 부모를 위한 기도
하나님 아버지, 제가 먼저 제 자녀 _____에게 생활 속 신
앙인의 본이 되지 못했습니다. 불쌍히 여기시고 용서해 주시
고, 이제부터는 고넬료의 신앙을 배우고 실천하게 도와주세
요. 나와 내 집이 하나님을 믿고 경건하고 사랑을 실천하는 가
정이 되기를 소원하오며, 예수님 이름으로 기도합니다. 아멘.

Live
결단·실천하기

하나님, 우리 가정은 _____을
실천하기로 결단합니다.

10. 루디아의 가정

"밤에 환상이 바울에게 보이니 마게도냐 사람 하나가 서서 그에게 청하여 이르되 마게도냐로 건너와서 우리를 도우라 하거늘 바울이 그 환상을 보았을 때 우리가 곧 마게도냐로 떠나기를 힘쓰니 이는 하나님이 저 사람들에게 복음을 전하라고 우리를 부르신 줄로 인정함이러라 우리가 드로아에서 배로 떠나 사모드라게로 직행하여 이튿날 네압볼리로 가고 거기서 빌립보에 이르니 이는 마게도냐 지방의 첫 성이요 또 로마의 식민지라 이 성에서 수일을 유하다가 안식일에 우리가 기도할 곳이 있을까 하여 문 밖 강가에 나가 거기 앉아서 모인 여자들에게 말하는데 두아디라 시에 있는 자색 옷감 장사로서 하나님을 섬기는 루디아라 하는 한 여자가 말을 듣고 있을 때 주께서 그 마음을 열어 바울의 말을 따르게 하신지라 그와 그 집이 다 세례를 받고 우리에게 청하여 이르되 만일 나를 주 믿는 자로 알거든 내 집에 들어와 유하라 하고 강권하여 머물게 하니라 … 두 사람(바울과 실라)이 옥에서 나와 루디아의 집에 들어가서 형제들을 만나보고 위로하고 가니라" (사도행전 16:9-15, 40).

성령님의 인도하심으로 바울 일행이 도착한 곳은 마게도냐의 강가였다. 강가에 모여든 여자들 중에는 부유한 자주장사 루디아가 있었다. 루디아는 잠언 31장에 기록된 현숙한 여인의 모습을 보이는 지혜로운 사업가였다. 자주장사란 왕실을 상대하는 기업이었다. 그녀는 경영의 지혜와 부와 자산이 축적된 사람이었다. 그녀는 이미 유대교의 교육을 받고 하나님을 공경했으나, 바울이 복음을 전할 때 마음이 열리면서 예수 그리스도를 받아들이게 되었다.

세례를 받아 예수 그리스도를 구주로 영접한 그녀는 바울 일행을 자기 집으로 초대한다. "내 집에 들어와 유하라 하고 강권하여 머물게" 한 그녀의 믿음은 후에 빌립보 교회의 전통이 되었다(고린도후서 8:1-5). 그녀는 훗날 바울이 옥에 갇혔을 때도 에바브로디도를 통해 헌금을 보내고 바울을 위로했다(빌립보서 4:15-19). 빌립보 교회는 루디아의 회심으로 루디아의 가정에서 출발한 교회다(사도행전 16:40). 루디아를 통해 유럽에 복음이 들어가는 첫 관문이 열린 셈이다.

오늘날에도 한 사람의 회심과 헌신으로 시작된 가정교회가 많이 있다. 회심은 감정적 체험만을 의미하는 것이 아니다. 회심한 사람은 삶의 방식이 변하는 게 믿음의 원리다. 이 시간 나의 회심이 가정을 변화시키고, 진정한 삶의 변화로 이어지고 있는지 점검해 보자.

Think
함께 생각하기

1. 루디아처럼 자신에게 주신 은사와 달란트를 주를 위해 사용하는지 점검해 보자.

2. 처음 예수 그리스도의 복음을 듣고 나서 나는 어떤 변화를 체험해 왔는지 나눠 보자.

4. 나의 회심이 가족에게 미친 영향을 나눠 보자.

Pray
기 도 하 기

:: 자녀를 위한 기도

하나님 아버지, 제 딸(아들) _____가 루디아처럼 복음을 듣고 마음이 열리길 간구합니다. 회심한 후에는 _____가 루디아처럼 교회 세우는 일에 쓰임 받길 간구합니다. _____가 자신의 직업 영역에서도 지혜 있는 자가 되게 하시고, 주신 물질과 은사로 목사님과 선교사님을 도와 전도와 선교의 확장에 쓰임 받게 도와주세요. 예수님의 이름으로 기도합니다.

:: 부모를 위한 기도
하나님 아버지, 제가 루디아처럼 기도하는 자리와 복음을 듣는 자리에 앉게 해 주세요. 루디아가 바울 일행을 강권한 것처럼 우리 가정이 하나님의 사람들을 선대하는 가정이 되게 해 주세요. 저에게 주신 물질과 은사를 교회 세우는 일과 복음 전하는 일에 잘 사용하게 도와주세요. 예수님의 이름으로 기도합니다. 아멘.

Live
결단·실천하기

하나님, 우리 가정은 _____을 실천하기로 결단합니다.

11. 빌립보 간수의 가정

"간수가 등불을 달라고 하며 뛰어 들어가 무서워 떨며 바울과 실라 앞에 엎드리고 그들을 데리고 나가 이르되 선생들이여 내가 어떻게 하여야 구원을 받으리이까 하거늘 이르되 주 예수를 믿으라 그리하면 너와 네 집이 구원을 받으리라 하고 주의 말씀을 그 사람과 그 집에 있는 모든 사람에게 전하더라 그 밤 그 시각에 간수가 그들을 데려다가 그 맞은 자리를 씻어 주고 자기와 그 온 가족이 다 세례를 받은 후 그들을 데리고 자기 집에 올라가서 음식을 차려 주고 그와 온 집안이 하나님을 믿으므로 크게 기뻐하니라" (사도행전 16:29-34).

바울과 실라는 복음을 전하고 귀신들린 자를 고쳐 주다가 빌립보 감옥에 갇히게 되었다. 그러나 그들은 고통 중에도 밤중에 일어나 찬송과 기도를 드리며 하나님을 찬미했다. 그러자 큰 지진이 발생하고 옥문이 열렸고, 빌립보 간수는 죄수가 풀려난 현장에서 놀라 자결하려다가 바울과 실라의 도움으로 주님을 영접했다.

"내가 어떻게 하여야 구원을 받으리이까" (사도행전 16:30)는 빌립보 간수의 절규다. 무서워 떠는 간수에게 바울과 실라는 예수님을 믿으면 그와 그의 집이 구원을 받으리라고 전했다. 바울과 실라의 말을 들은 간수는 즉시 회심했다. 그는 자기 집에 올라가서 음식을 차려 대접하고 바울과 실라의 상처를 치료해 주었다. 회심 후에 보인 간수의 행동은 목숨을 건 믿음의 행동이었다. 그동안 예수 그리스도를 몰라서 바울과 실라를 매로 치고 핍박했던 것까지 사죄한 그는, "그와 온 집안이 하나님을 믿으므로 크게 기뻐하"(사도행전 16:34)게 된다.

요즘도 사람들은 대부분 자기를 전도한 사람을 닮는다. 바울과 실라가 매를 맞으면서도 복음을 지키고 하나님을 기뻐하고 찬미한 것을 빌립보 간수와 그 가족이 모두 닮아 가는 모습 속에서 우리는 많은 것을 깨달을 수 있다. 나의 육신의 자녀도 나의 신앙생활 모습을 보고 배우지만, 내가 전도한 영적 믿음의 자녀들도 나의 신앙 패턴을 그대로 닮는다는 것이다. 바울과 실라를 닮아 가는 간수의 모습은 먼저 믿은 우리들이 얼마나 더 겸허하게 하나님을 진실로 사랑하며 순종해야 하는지 잘 보여 주는 대목이다.

Think
함께 생각하기

1. 옥에 갇힌 바울과 실라는 무엇을 했는가? (사도행전 16:22-25)

2. 우리 가정이 지금 옥에 갇힌 것처럼 해결되지 않는 고난 속에 있다면, 옥문이 열리기 위해 (문제가 해결되기 위해) 내가 해야 할 일은 무엇인가?

3. 나는 자녀에게나 이웃에게 고난 중에도 복음을 전하며 전도하고 있는가?

4. 나의 자녀와 나의 영적 자녀들은 나의 신앙 모습 중에서 어떤 부분을 닮았는가?

Pray
기 도 하 기

:: 자녀를 위한 기도

하나님 아버지, _____가 좌절을 겪고 고통을 겪게 될 때마다 찬양과 기도로 하나님을 찬미하는 믿음을 갖도록 해 주세요. _____가 혼자 해결할 수 없는 인생의 감옥에 들어갔을 때도 믿음의 용기와 기쁨을 잃지 않고 하나님을 경험하게 인도해 주세요. 예수님의 이름으로 기도합니다. 아멘.

:: 부모를 위한 기도

하나님 아버지, 제가 고통 중에 있을 때, 하나님을 찬미하고 기도하지 못한 불신앙을 용서해 주세요. 인생의 문제를 만날 때마다 기도하고 하나님을 찬양하는 믿음을 주세요. 빌립보 간수처럼 나와 내 자녀 _____가 어찌하여야 구원을 얻을지 절규하게 해 주세요. 구원의 감격으로 크게 기뻐하는 믿음의 가정이 되기를 소원하오며, 예수님 이름으로 기도합니다. 아멘.

Live
결단·실천하기

하나님, 우리 가정은 _____을 실천하기로 결단합니다.

12. 디모데를 낳은 유니게의 가정

"이는 네 속에 거짓이 없는 믿음이 있음을 생각함이라 이 믿음은 먼저 네 외조모 로이스와 네 어머니 유니게 속에 있더니 네 속에도 있는 줄을 확신하노라"(디모데후서 1:5).
"또 어려서부터 성경을 알았나니 성경은 능히 너로 하여금 그리스도 예수 안에 있는 믿음으로 말미암아 구원에 이르는 지혜가 있게 하느니라"(디모데후서 3:15).

디모데의 아버지는 헬라인이었지만, 어머니 유니게와 외할머니 로이스는 유대인으로서 유대교 신앙을 가졌던 사람들이었다(사도행전 16:1). 그 가정은 바울의 영향으로 예수 그리스도의 십자가의 죽음과 부활을 믿는 기독교 신앙으로 개종하게 된다. 바울이 전한 복음을 외할머니와 어머니가 받아들이면서, 디모데는 어려서부터 외할머니와 어머니로부터 성경을 배우게 되었다. 어린 시절부터 기독교 교육을 받은 그는 "믿음 안에서 참 아들 된 디모데"(디모데전서 1:2)라고 바울에게 칭찬을 받았다. 바울은 디모데를 영적 아들로 삼으며 그를 더욱 믿음의 사람으로 양육했다. 바울이 칭찬한 디모데의 거짓이 없는 믿음은 유대교가 아니라 기독교다.

디모데는 몸이 약하고(디모데전서 5:23), 겁이 많으며(디모데후서 1:7), 나이가 어렸지만(디모데전서 4:12) 믿음으로 칭찬받고 하나님의 뜻대로 쓰임 받은 목회자가 되었다. 지금 내 자녀가 연약하다 해도, 하나님을 믿는 믿음이 자라면 합력해서 선을 이루시는 하나님이 사용하시는 믿음의 인물이 된다. 가정과 교회, 정치, 경제, 사회, 문화, 교육, 예술, 스포츠 등 각 분야에서 하나님이 사용하시는 믿음의 인물을 양육하는 것은 부모들의 몫이다. 믿음의 부모가 말씀을 가르치고 하나님의 성령이 역사하시면 우리의 자녀들은 자신이 받은 달란트대로 남기며 하나님께 쓰임 받는다.

우리나라도 이제 기독교의 역사가 120년이 넘는다. 믿음의 4대, 5대까지 고백하는 가정들이 생기고 있다. 그러나 믿음의 내용면에서도 로이스와 유니게가 가정에서부터 디모데에게 성경을 가르치고 말씀대로 사는 법을 가르친 것처럼 자녀에게 가르쳐 왔는지는 장담할 수 없는 일이다. 우리들의 자녀가 거짓이 없는 믿음을 가지려면, 날마다 밥을 먹고 잠을 자고 운동을 하고 공부를 하듯이 하나님의 말씀을 힘써 배우고 훈련해야 한다. 일시적 감정이나 신비한 종교적 체험만으로는 일상생활에서도 거짓이 없는 순전한 믿음에 이를 수 없다. 성경을 배우는 목적은 구원에 이르는 믿음을 얻을 뿐 아니라, 하나님의 뜻대로 살아가는 삶 속에서의 실천에 있다.
하나님을 사랑하고 이웃을 사랑하는 균형 잡힌 건강한 믿음

생활이 우리 가정에 지속되는 건 성령 하나님의 도우심에 달렸다. 평소에 영적 건강을 유지하다 보면, 고난이 와도 믿음을 저버리지 않고 더욱 견고해진다. 그러면 믿음의 실력을 테스트하는 시기가 올 때마다 우리 자녀들과 우리 부모들이 모두 넉넉히 통과하며 성장해 나갈 수 있게 된다.

Think
함께 생각하기

1. 우리가 믿는 믿음은 무엇인가? 디모데의 믿음과 비교해 보자.

2. 나는 부모로서 로이스와 유니게가 디모데를 양육한 것처럼 말씀을 정기적으로 가르치고 있는가?

3. 하나님은 내 자녀에게 어떤 연약함을 허락하셨나? 약점이 오히려 축복의 통로가 된 경험이 있으면 나눠 보자.

4. 현재 내 자녀의 영적 스승은 누구인가? 주일학교 교사와 목사님과 친밀한 관계를 유지하고 있는지 점검해 보자.

Pray
기 도 하 기

:: 자녀를 위한 기도

하나님 아버지, _____가 어려서부터 성경 말씀 배우기를 즐거워하게 하시고, 사춘기를 지날 때도 _____의 생각과 행동을 하나님의 말씀이 지배하게 도와주세요. _____가 갖고 있는 연약함이 하나님과 더욱 가까워지는 축복의 도구가 되게 해 주세요. _____에게 거짓이 없는 믿음 주시기를 간구합니다. 예수님의 이름으로 기도합니다. 아멘.

:: 부모를 위한 기도

하나님 아버지, 제가 로이스와 유니게처럼 _____에게 예수 그리스도를 믿는 믿음을 잘 가르쳐 지키게 믿음과 지혜를 주세요. 우리 부부가 먼저 예수 그리스도의 십자가의 죽음과 부활을 믿고, 그 믿음으로 성경 말씀을 힘써 배우고 지키는 일에 열심을 다하게 도와주세요. 예수님의 이름으로 기도합니다. 아멘.

Live
결단·실천하기

하나님, 우리 가정은 _____을 실천하기로 결단합니다.